POLONO-GERMANICA 2

Schriften der Kommission
für die Geschichte
der Deutschen in Polen e.V.

Markus Krzoska, Isabel Röskau-Rydel (Hg.)

Identitäten und Alteritäten

der Deutschen in Polen
in historisch-komparatistischer Perspektive

Martin Meidenbauer »

Markus Krzoska studierte Geschichte und Politikwissenschaft in Mainz und promovierte an der Freien Universität Berlin. Er arbeitet als freiberuflicher Historiker und Übersetzer in Mainz. Im wissenschaftlichen Bereich beschäftigt er sich mit Themen der Geschichte Polens, Böhmens und der Habsburgermonarchie.

Isabel Röskau-Rydel studierte in München, wo sie auch promovierte, in Mainz und Krakau. Sie ist wissenschaftliche Mitarbeiterin am Instytut Neofilologii Akademii Pedagogicznej i. KEN in Krakau. Zurzeit bereitet sie ihre Habilitation zur Akkulturation und Integration deutschösterreichischer Beamtenfamilien in Galizien im 19. Jahrhundert vor.

Die Deutsche Bibliothek verzeichnet diese Publikation in der Deutschen Nationalbibliografie; detaillierte bibliografische Daten sind im Internet über http://dnb.ddb.de abrufbar.

© 2007 Martin Meidenbauer Verlagsbuchhandlung, München

Umschlagabbildung: Brunnenfigur der Bamberka auf dem Altmarkt in Posen
© Markus Krzoska

Alle Rechte vorbehalten. Dieses Werk einschließlich aller seiner Teile ist urheberrechtlich geschützt. Jede Verwertung außerhalb der Grenzen des Urhebergesetzes ohne schriftliche Zustimmung des Verlages ist unzulässig und strafbar. Das gilt insbesondere für Nachdruck, auch auszugsweise, Reproduktion, Vervielfältigung, Übersetzung, Mikroverfilmung sowie Digitalisierung oder Einspeicherung und Verarbeitung auf Tonträgern und in elektronischen Systemen aller Art.

ISBN 978-3-89975-107-9

Verlagsverzeichnis schickt gern:
Martin Meidenbauer Verlagsbuchhandlung
Erhardtstr. 8
D-80469 München

www.m-verlag.net

INHALTSVERZEICHNIS

Vorwort — 6

Markus KRZOSKA: Identitäten und Alteritäten. Einführende methodische Bemerkungen und regionaler Bezugsrahmen — 11

Jerzy STRZELCZYK: Die Deutschen in Polen im Mittelalter — 29

Severin GAWLITTA: Grenzen der Alterität und Identitätsfindung am Beispiel deutscher Kolonisten im Königreich Polen 1815–1915 — 49

Hanna KRAJEWSKA: Die christliche Gemeinschaft der Böhmischen Brüder — 69

Isabel RÖSKAU-RYDEL: Die Geschichte der evangelischen Gemeinde in Krakau von Ende des 18. Jahrhunderts bis 1918 — 79

Maria WOJTCZAK: Identitäten und Alteritäten der Deutschen in der deutschsprachigen Literatur über die Provinz Posen — 95

Lars JOCKHECK: „Herrenvolk" und „Konjunkturritter". Bilder der NS-Propaganda von Deutschen im „Generalgouvernement" 1939-1945 — 107

Autoren — 127

VORWORT

> Oh, for the time when I shall sleep
> Without identity,
> And never care how rain may steep,
> Or snow may cover me!
> No promised heaven, these wild desires,
> Could all, or half fulfil;
> No threathened hell, with quenchless fires,
> Subdue this quenchless will!
>
> *(Emily Jane Brontë, The Philosopher, 1846)*

Der hiermit nun vorliegende zweite Band der neuen Schriftenreihe der Kommission für die Geschichte der Deutschen in Polen e.v. beschäftigt sich mit Fragen, die über die Jahrhunderte hinweg grundlegend für das Zusammenleben der Menschen gewesen sind. Wer sind wir? Worin unterscheiden wir uns von den anderen? Wie verhalten wir uns in bestimmten Situationen? Die Überformung durch den Nationalismus seit der Mitte des 19. Jahrhunderts hat in ganz Europa ältere Elemente von Selbstdefinition und Abgrenzung in den Hintergrund treten lassen. Religiöse, soziale und geographisch-genealogische Identitäten und Alteritäten prägten gerade auf der Ebene kleinteiliger Strukturen das Zusammen-, Nebeneinander- und Gegeneinanderleben von Menschen seit dem Mittelalter wesentlich deutlicher.

Aus unserer heutigen Sicht hat der Diskurs über „Volksgruppen", „Minderheiten" und „Sprachinseln" das Wissen über viele alltägliche Phänomene verschwinden lassen. Dies gilt gerade für die Region Ostmitteleuropa, die von der Existenz vieler, oft sehr verschiedener Lebensformen geprägt war und stellenweise immer noch ist. Dabei ist sich die neuere kultur- und sozialwissenschaftliche Forschung im Zeitalter des Poststrukturalismus der Problematik bewusst, dass die Frage nach dem Eigenen und dem Fremden immer situations- und zeitabhängig gestellt werden muss. Längst ist man davon abgekommen, lebenslange Identitäten anzunehmen und aus ihnen heraus bestimmte Verhaltensweisen zu erklären.

Anhand von Einzelfallstudien hat die Kommission auf ihrer Jahrestagung vom 3. bis 5. November 2006 im Schlesischen Museum Görlitz den Versuch unternommen, sich der Phänomene Identität und Alterität in Bezug auf die Geschichte Polens anzunähern. Die Herausgeber sind sich sehr wohl der Tatsache bewusst, dass die komplexen Fragestellungen hierbei nur angerissen werden konnten und von einer erschöpfenden Behandlung weit entfernt sind. Vielleicht kann der Band aber als Anreiz dafür dienen, auf der Grundlage einer soliden Methodik und Quellenkritik die diesbezüglichen Forschungen in Zukunft voranzutreiben.

Das Buch enthält die überarbeiteten Versionen von sieben in Görlitz gehaltenen Vorträgen, ein achter ist bereits an anderer Stelle publiziert worden.[1]

In seiner thematischen Einführung erläutert Markus Krzoska die historischen und methodischen Grundlagen der Diskussionen über Identitäten und Alteritäten unter Bezugnahme auf die zu behandelnde Region.

Jerzy Strzelczyk widmet sich auf breiter Quellengrundlage der Geschichte der Deutschen in Polen im Mittelalter und relativiert dabei die lange Zeit vorherrschende These, die polnischen Chronisten hätten deren Rolle besonders negativ bewertet.

Severin Gawlitta untersucht das Schicksal der verstreut lebenden deutschen Siedler im russischen Teilungsgebiet zwischen 1815 und dem Ersten Weltkrieg, insbesondere im Hinblick auf das Ausbleiben der Entstehung einer spezifisch nationalen Identität.

Hanna Krajewska skizziert die Geschichte einer bedeutenden religiösen Minderheit – der Böhmischen Brüder – mit den ganz verschiedenartigen Formen nationaler und konfessioneller Entwicklungen.

---

[1] Winson W. Chu, Metropole der Minderheit: Die Deutschen in Lodz und Mittelpolen, 1918-1939, in: Die „Volksdeutschen" in Polen, Frankreich, Ungarn und der Tschechoslowakei. Mythos und Realität, hrsg. v. Jerzy Kochanowski / Meike Sach, Osnabrück 2006, S. 95-112.

Vorwort

Isabel Röskau-Rydels Fallstudie über die evangelische Gemeinde in Krakau im 19. Jahrhundert ist geprägt von den Schwierigkeiten einer konfessionellen Minderheit, in die letztlich auch die Probleme des aufkommenden Nationalismus Einzug halten.

Maria Wojtczak beschäftigt sich mit dem Bild von den Deutschen in der deutschsprachigen Literatur der Provinz Posen, das sowohl Elemente nationaler Separierung als auch von Heimatgefühl und Regionalbewusstsein enthielt.

Lars Jockheck schließlich analysiert auf der Grundlage der Presse die Bilder der NS-Propaganda von Deutschen im Generalgouvernement zwischen elitärem Anspruch und zunehmender durch den Kriegsverlauf bedingter Frustration.

Die Herausgeber danken dem Johann-Gottfried-Herder-Institut Marburg für die Bereitstellung von Mitteln für die Tagung und diesen Band sowie dem Martin Meidenbauer Verlag für die enge und vertrauensvolle Zusammenarbeit

Mainz/Krakau, im Juni 2007

    Markus Krzoska   Isabel Röskau-Rydel

Markus Krzoska

IDENTITÄTEN UND ALTERITÄTEN. EINFÜHRENDE METHODISCHE
BEMERKUNGEN UND REGIONALER BEZUGSRAHMEN

1.) Zur Theoriediskussion über Identität und Alterität

Es gibt Wörter, die existieren nur noch als die Hülle ihrer selbst, als Floskeln, die bei jedem beliebigen Anlass ausgesprochen werden, ohne dass man sich überlegt, was sie eigentlich bedeuten. „Identität" ist so ein Wort, das uns um beliebige Epitheta ergänzt, in unserer medialen Gesellschaft an jeder Ecke erschlägt. Genau aus diesem Grunde ist es unmöglich, einen Tagungsband herauszugeben, der jenen Ausdruck enthält, ohne sich Gedanken zu machen, wie er in einem spezifischen Kontext überhaupt verwendet werden soll. Gehen wir also zunächst von der ursprünglichen Wortbedeutung aus. Schlägt man das Grimmsche Wörterbuch auf, jene 14-bändige zentrale Instanz der deutschen Sprache, so findet man keinen eigenen Eintrag, dafür aber unter dem Stichwort „Einerleiheit" den knappen Verweis darauf.[1] Meyers Konversationslexikon von 1888 beschränkt sich weitgehend auf eine philosophisch-mathematische Erklärung.[2] Der neulateinische Begriff bedeute Einerleiheit. Sie herrsche im weiteren Sinn zwischen Begriffen, wenn sie miteinander vertauscht werden können (Wechselbegriffe), im engeren Sinn, wenn sie ein und derselbe Begriff sind. Des Weiteren wird auf die Philosophien Spinozas und Schellings verwiesen. In modernen Lexika müsste man bereits eine Vielfalt fachspezifischer Definitionen unterscheiden und eine ganze Flut von Identitäten überprüfen. Mit dem polnischen Äquivalent „tożsamość" wäre ein derartiger Umgang zumindest in der grammatikalisch verordneten Form nicht möglich, gibt es doch davon zumindest ursprünglich keine Pluralform, wenngleich sich dies in der Alltagssprache längst geändert hat. Zudem ist das Wort

---

[1] Jacob Grimm; Wilhelm Grimm, Deutsches Wörterbuch. 16 Bde. Leipzig 1854-1960, hier Bd. 3, Spalte 167-180, zitiert nach: http://germazope.uni-trier.de/Projects/WBB/woerterbuecher/dwb/wbgui?lemid=GE01548
[2] Bd. 8, S. 875, zitiert nach der Onlineausgabe unter: http://susi.e-technik.uni-ulm.de:8080/Meyers2/seite/bild/werk/meyers/band/8/seite/0875/meyers_b8_s0875.html

wie im Deutschen auch lexikalisch neueren Datums. Samuel Bogumił Lindes berühmtes Wörterbuch der polnischen Sprache kennt es noch nicht.[3] Erst in Samuel Orgelbrands großer Enzyklopädie taucht das Lemma 1903 mit der erläuternden Bezeichnung „identyczność" und den ebenfalls philosophischen bzw. mathematischen Erklärungen sowie dem Hinweis „in der neueren deutschen Philosophie" – gemeint sind zweifellos Schelling und Hegel – auf.[4]

Eine Weiterentwicklung des Begriffs fand dann in den psychologischen Theorien Sigmund Freuds statt. Seiner Meinung nach kommt die Ausbildung einer persönlichen Identität durch soziales Handeln zustande. Allerdings existiert auch bereits bei ihm ein – eher versteckter – Hinweis auf einen kollektiven Identitätsbegriff, nämlich auf seine jüdische Identität.[5] Auf den engen Bezug von Identität zur gesellschaftlichen Umwelt hatte bereits in den 1880er Jahren der Philosoph Ernst Mach hingewiesen.[6]

Richtig modern in den sich entwickelnden Sozialwissenschaften wurde der Identitätsbegriff auf dem Weg über die Vereinigten Staaten erst nach dem Zweiten Weltkrieg. Formulierungen wie die durch den Neofreudianer Erik H. Erikson kreierte „Identitätskrise" fanden ebenso rasch Eingang in den intellektuellen Diskurs wie die

---

[3] Samuel Bogumił Linde, Słownik języka polskiego [Wörterbuch der polnischen Sprache], Teil 3 (Bd. 5) (R-T), Warszawa 1812 (gesucht nach der Onlineausgabe unter: http://kpbc.umk.pl/dlibra/doccontent2?id=13038&dirids=1).

[4] Samuel Orgelbrand, Encyklopedia powszechna [Allgemeine Enzyklopädie], Bd. 14 (Sowa-Tzschriner), Warszawa 1903, S. 560, zitiert nach dem digitalen Onlineabdruck unter http://www.pbi.edu.pl/content.php?p=14796&s=560

[5] „Was mich ans Judentum band, war – ich bin schuldig, es zu bekennen – nicht der Glaube, auch nicht der nationale Stolz, denn ich war immer ein Ungläubiger, bin ohne Religion erzogen worden, wenn auch nicht ohne Respekt vor den „ethisch" genannten Forderungen der menschlichen Kultur. Ein nationales Hochgefühl habe ich, wenn ich dazu neigte, zu unterdrücken mich bemüht, als unheilvoll und ungerecht, erschreckt durch die warnenden Beispiele der Völker, unter denen wir Juden leben. Aber es blieb genug anderes übrig, was die Anziehung des Judentums und der Juden unwiderstehlich machte, viele dunkle Gefühlsmächte, um so gewaltiger, je weniger sie sich in Worte fassen ließen, ebenso wie die klare Bewußtheit der inneren Identität, die Heimlichkeit dergleichen seelischen Konstruktion." (Sigmund Freud, Ansprache an die Mitglieder des Vereins B'nai B'rith, in: Ders., Gesammelte Werke, Bd. 17, London 1941, S. 49-53).

[6] Ernst Mach, Auszüge aus den Notizbüchern 1871-1910, in: Ernst Mach – Werk und Wirkung, hrsg. v. Rudolf Haller / Friedrich Stadler, Wien 1988, S. 180.

Identitäten und Alteritäten

Verknüpfung mit Fragen der Ethnizität oder der soziologischen Rollentheorie.[7]

Wir beschäftigen uns hier jedoch nicht mit Identität in Bezug auf eine Person, sondern mit Aspekten der kollektiven Identität.[8] Was diese darstellt, ist in der Vergangenheit verschiedenartig interpretiert worden. In ihrer ursprünglichen Form erscheint sie – wie auch auf Personen bezogen – als natürlich gegebene oder gottgewollte Idee einer natürlichen „nationalen" Gemeinschaft. Dieses primordialistische oder auch objektivistische Verständnis mit seinem naiven Weltbild, das besonders stark in der deutschen Romantik, bei Fichte und Herder auftrat, war in der westlichen Kultur völlig aus der Mode gekommen, taucht aber in letzter Zeit etwa in der Auseinandersetzung mit dem Islam sowie im christlichen Fundamentalismus wieder vermehrt auf.[9] Eine abweichende Interpretation dieses Modells stellte der so genannte Reduktionismus dar, der davon ausgeht, dass Identität auf eine besondere Konstellation individueller Akteure, deren Unterschiede und Übereinstimmungen, zurückgeführt werden kann. Gemeinschaft entsteht demnach als Vertrag zum gegenseitigen Nutzen und lediglich durch die Entscheidungen von Individuen. Wirkliche kollektive Identität gibt es also nicht.[10]

Eine weitere Option zur Erklärung von Identität bietet der transzendentale Ansatz. Danach macht Identität alle Dinge überhaupt erst möglich. Das dauerhafte und selbständige Ich schafft demnach die Voraussetzungen für Erinnerung des Vergangenen und Planung des Künftigen. Diese auf Immanuel Kant zurückgehende Tradition

---

[7] Juliane Noack, Erik H. Eriksons Identitätstheorie, Oberhausen 2005; Philip Gleason, Identifying Identity: A Semantic History, in: Journal of American History 69 (1983), Nr. 4, S. 910-931; Robert K. Merton, Social Theory and Social Structure. Toward the codification of theory and research, Glencoe (Ill.) 1949; Erving Goffman, Stigma: Notes on the Management of Spoiled Identity, Englewood Cliffs (N.J.) 1963.
[8] Zum Folgenden vgl. Bernhard Giesen, Voraussetzung und Konstruktion. Überlegungen zum Begriff der kollektiven Identität, in: Sinngeneratoren. Fremd- und Selbstthematisierung in soziologisch-historischer Perspektive, hrsg. v. Cornelia Bohn / Herbert Willems, Konstanz 2001, S. 91-110.
[9] Samuel P. Huntington, The Clash of Civilizations and the Remaking of World Order, New York 1996.
[10] Bernhard Giesen; Michael Schmid, Methodologischer Individualismus und Reduktionismus, in: Soziologie und Psychologie. Bemerkungen zum Reduktionsproblem, hrsg. v. Gerald Eberlein / Hans J. Kondratowitz, Frankfurt am Main 1977, S. 24-47.

bezieht sich also zunächst auf das Individuum. Bei der Übertragung auf Identität als Voraussetzung kollektiven Handelns erwähnt Bernhard Giesen das kollektive Ego in der Politik, das gemeinsames Wirken erst möglich mache – als Volk Gottes oder Messias der Völker zum Beispiel.[11]

Weitgehend durchgesetzt hat sich in den letzten Jahrzehnten aber das Modell des Konstruktionscharakters von Identität. Danach ist diese eine fragile künstliche Schöpfung, die der Einzelne nicht allein vollziehen kann, sondern für die er Unterstützung von außen braucht. Diese Unterstützung oder auch Anerkennung setzt somit zugleich eine Abgrenzung oder Differenz als Unterscheidungskriterium voraus. Ein Grundmuster für Inklusion oder Exklusion im konkreten Falle ist demnach die Frage von Fremdheit und Verstehen in der Begegnung. Verständigung setzt eine angenommene Gleichheit der Perspektiven auf die Welt voraus. Diese muss jedoch im Gespräch ständig bekräftigt oder betont werden. Dennoch kann das Verstehen aber scheitern und man beginnt zu unterscheiden zwischen denjenigen, mit denen eine Verständigung möglich ist, und solchen, wo es nicht funktioniert. Geschieht dies häufiger, entsteht ein Typus von Fremdheit, der immer weniger in Frage gestellt und auf neue Personen oder Personengruppen übertragen wird.[12] Die Kommunikation mit diesen verschwindet infolge dessen entweder ganz oder wird auf unverfängliche Bereiche des Alltags reduziert. Eine Erfahrung von Gleichartigkeit entsteht nicht nur im Gespräch von Individuen, sondern wird auch im kollektiven Bereich durch gemeinsame Handlungen und Rituale bewusst erzeugt. Diese rituellen Praktiken haben stark exkludierenden Charakter und können über eine bestimmte Situation hinaus auf größere Gruppen übertragen werden. Als Beispiele hierfür seien nur bestimmte kirchliche Feiertage oder nationale Gedenktage wie das katholische Allerheiligen oder der preußisch-deutsche Sedantag genannt.[13] Auch die so in Mode geratenen Erinne-

---

[11] Ebd.
[12] Alois Hahn, Die soziale Konstruktion des Fremden, in: Die Objektivität der Ordnungen und ihre kommunikative Konstruktion, hrsg. v. Walter M. Sprondel, Frankfurt am Main 1994, S. 140-166.
[13] Zu letzterem siehe die regionalen Beispiele für verschiedene Versuche der Identitätsstiftung bei Stefan Dyroff, Preußisch-polnische Waffenbrüderschaft angesichts wachsender nationaler

Identitäten und Alteritäten

rungsorte können eine solche gemeinschaftsstiftende Funktion haben.[14] Und schließlich geht es noch um symbolische Repräsentationen. Zur Schaffung dauerhafter Bindungen werden Bilder, Symbole und Erzählungen konstruiert und wiederholt, wobei die Abgrenzung vom „Anderen" thematisiert wird. Gerade seit dem 19. Jahrhundert waren es die nationalen Mythen, die zum Zwecke der Gruppenbindung geschaffen wurden.[15]

In den letzten Jahren ist der Begriff „Identität" wiederholt kritisiert worden, was sicherlich als Konsequenz aus seiner inflationären Verwendung zu verstehen ist. Die Hauptkritik richtete sich gegen seine Verwendung als Analysekategorie. Die fundierteste Auseinandersetzung mit „Identität" stammt wohl aus der Feder der beiden amerikanischen Soziologen Rogers Brubaker und Frederick Cooper.[16] Sie ist besonders deswegen bedenkenswert, weil gerade Brubaker in seinen Fallstudien immer wieder das östliche Europa und den dortigen Nationalismus mit einbezogen hat.[17] Wenn Identität eine fundamentale und konsequente Gleichheit von Mitgliedern einer Gruppe oder Kategorie bezeichnet, die entweder als objektiv vorhanden oder als subjektiv erfahren wahrgenommen wird, dann wird nach Meinung der beiden Autoren die Grenze zur Praxiskategorie nicht klar genug gezogen. Mit demselben Wort bezeichnet „Identität" im

---

Spannungen. Die Erinnerung an die Einigungskriege in der Provinz Posen, in: Selbstbilder – Fremdbilder – Nationenbilder, hrsg. v. Juliette Wedl / Stefan Dyroff / Silke Flegel, Berlin 2007, S. 107-125, und Bernard Linek, Sedantag – święto narodowe cesarstwa niemieckiego na Górnym Śląsku [Der Sedantag – Nationalfeiertrag des Deutschen Kaiserreichs in Oberschlesien]], in: Górny Śląsk wyobrażony: wokół mitów, symboli i bohaterów dyskursów narodowych [Imaginiertes Oberschlesien: Mythen, Symbole und Helden in den nationalen Diskursen], hrsg. v. Juliane Haubold-Stolle / Bernard Linek, Opole; Marburg 2005, S. 179-190.
[14] Les Lieux de mémoire, hrsg. v. Pierre Nora, 7 Bde., Paris 1984-1992; Deutsche Erinnerungsorte, hrsg. v. Hagen Schulze / Étienne François. 3 Bde., München 2001-2002. Für den deutsch-polnischen Kontext ist ein solches Projekt unter Federführung von Robert Traba und Hans-Henning Hahn in Vorbereitung.
[15] Mythen der Nationen: ein europäisches Panorama, hrsg. v. Monika Flacke, Berlin 1998.
[16] Rogers Brubaker; Frederick Cooper, Beyond „identity", in: Theory and society 29 (2000), Nr. 2, S. 1-47.
[17] Rogers Brubaker, Ethnicity without groups, Cambridge (Ma.); London 2004; ders., Nationalist Politics and Everyday Ethnicity in a Transylvanian Town, Princeton 2006; ders., Nationalism Reframed: Nationhood and the National Question in the New Europe, Cambridge (Ma.); London 1994.

poststrukturalistischen Diskurs die „instabile, multiple, fluktuierende und fragmentierte Natur des zeitgenössischen Selbst", besitzt hier also eine eher „schwache" Bedeutung.[18] Nach Nennung einer Reihe weiterer Beispiele plädieren Brubaker und Cooper für die Einführung anderer Begriffe anstelle von Identität, nämlich Identifizierung und Kategorisierung, Selbstverständnis und soziale Positionsbestimmung, Kommunalität, Konnektivität und Zusammengehörigkeitsgefühl.[19] Es mag sein, dass diese neue Vielfalt an Begrifflichkeiten das eine oder andere Phänomen besser beleuchtet, letztlich entsteht aber auch eine gewisse Unübersichtlichkeit, die es erschwert, ähnliche Prozesse miteinander zu vergleichen.

Kritik von anderer Seite kam aus Deutschland. Erwähnen möchte ich in diesem Kontext den von Aleida Assmann und Heidrun Friese 1998 herausgegebenen Sammelband sowie Lutz Niethammers ätzende, zugleich aber über das Ziel hinausschießende Identitätskritik aus dem Jahre 2000.[20] Zuletzt hat auch der österreichische Kulturwissenschaftler Peter Stachel den Begriff hinterfragt.[21] Assmann und Friese lehnen ganz im Geiste der Zeit statische und eindimensionale Identitätskonstruktionen ab. Einzelne Autoren des Bandes wie der Soziologe Peter Wagner kritisieren die Verwendung des Identitätsbegriffes, ohne dass häufig erläutert werde, was sich empirisch eigentlich dahinter verberge. Sinnvoll sei der Einsatz aber nur, wenn man sich den engen Bezug zur Zeitlichkeit klar mache und somit Identität immer nur als ein Werden und nicht als ein Sein definiere.[22] Während Wagner also den Begriff weiterhin, wenn auch eingeschränkt einsetzen möchte, lehnt ihn Niethammer scheinbar völlig ab. In seinem Rundumschlag wirft er mehr oder weniger alle bedeutenden Denker des 20. Jahrhunderts in einen Topf und gießt

---

[18] Brubaker / Cooper (wie Anm. 16), S. 7/8.
[19] Ebd., S. 14-21.
[20] Identitäten. Hrsg. v. Aleida Assmann / Heidrun Friese, Frankfurt/Main 1998 (=Erinnerung, Geschichte, Identität; 3); Lutz Niethammer, Kollektive Identität. Heimliche Quellen einer unheimlichen Konjunktur, Reinbek bei Hamburg 2000.
[21] Peter Stachel, Identität. Genese, Inflation und Probleme eines für die zeitgenössischen Sozial- und Kulturwissenschaften zentralen Begriffs, in: Archiv für Kulturgeschichte 87 (2005), Nr. 2, S. 395-425.
[22] Peter Wagner, Fest-Stellungen. Beobachtungen zur sozialwissenschaftlichen Diskussion über Identität, in: Identitäten (wie Anm. 20), S. 44-72.

Identitäten und Alteritäten

gewissermaßen die Sauce des politischen Alltags hinzu. Seiner Meinung nach verwandeln sich theoretische Fragen beim Identitätsthema in „Theorie light" und geben nur noch Anlass, sie mit mehr oder weniger eleganter Performance zu überspielen. In diese Kritik bezieht Niethammer bewusst auch alle diejenigen mit ein, die den Konstruktionscharakter kollektiver Identität betonen.[23]

Der zweite Begriff aus dem Titel dieses Bandes, die Alterität, ist bei weitem nicht so populär wie seine eineiige Zwillingsschwester. Nichtsdestotrotz ist auch hier eine gewisse Analyse notwendig, wenn seine Verwendung über das einschlägige *name-dropping* in den üblichen Projektanträgen des späten 20. und frühen 21. Jahrhunderts hinausgehen soll. Der Begriff stammt ursprünglich aus der poststrukturalistischen Literaturwissenschaft und wird häufig lediglich als Synonym für Andersheit oder die Anderen verwendet, bezeichnet darüber hinaus aber auch die Konstruktion der Anderen als Spiegelbild für die eigene Entwicklung. Beispiele dafür, wie die eigene Identität in Abgrenzung vom anderen entsteht, gibt es unzählige. An dieser Stelle erwähnt seien nur koloniale und geschlechtsspezifische Diskurse, über deren Anwendung auf die Region noch gesprochen werden muss. Generell geht es dabei zwar wie in den grundlegenden Arbeiten von Tzvetan Todorov und Edward Said um die Alterität anderer Kulturen[24] oder wie bei Simone de Beauvoir um das „andere Geschlecht" als positives Gegenbild zum Mann[25], es stellt sich jedoch die Frage, ob sich das Paradigma nicht auch in kleinteiligeren Wirkungszusammenhängen anwenden ließe. Auf jeden Fall ist *alter* kein beliebiger Anderer, sondern der zweite von zwei gleichartigen und einander zugeordneten Identitäten. Das „konstitutive Außen" (Jacques Derrida), also die Tatsache, dass sich jeder Diskurs oder Kontext von einem unverfügbaren Außen abgrenzt, das jedoch für die Herstellung eines Diskurses nötig ist, ist nicht nur Bedingung der Möglichkeit von Identität, sondern zugleich immer Teil derselben.[26] Im Moment scheint es jedoch noch nicht so zu sein, dass Alterität zu

---

[23] Niethammer (wie Anm. 20), S. 17.
[24] Edward Saïd, Orientalism, New York 1978; Tzvetan Todorov, La conquête de l'Amerique. La question de l'autre, Paris 1982.
[25] Simone de Beauvoir, Das andere Geschlecht, Hamburg 1951.
[26] Jacques Derrida, Grammatologie, Frankfurt am Main 7. Aufl. 1998, S. 371.

einem ähnlich blassen Modewort wird wie Identität. Nur als ein Beleg hierfür: Identität hat bei Sankt Google 10,7 Millionen Treffer, Alterität gerade einmal 69.500.[27]

Sollen wir nun ganz auf die beiden Begriffe verzichten, nur weil sie mitunter unscharf im Gebrauch sind? Oder sollten wir uns stattdessen nicht vielmehr bemühen, genauer zu überlegen, wann wir sie wie einsetzen. Alle Ersatzvorschläge, die uns Brubaker oder Niethammer machen – letzterer schlägt allen Ernstes vor, „kollektive Identität" einfach durch „wir" zu ersetzen[28], lösen das Problem nicht, sondern schaffen nur eine neue Terminologie, die keine der Fragen beantwortet, die wir gestellt haben. Sowenig es eine Lösung sein kann, auf die methodisch-kritische Analyse historischer, soziologischer, ökonomischer oder wie auch immer gearteter Prozesse zu verzichten – gerade die Beschäftigung mit Ostmitteleuropa und dabei ganz besonders mit der Geschichte der Deutschen in Polen leidet nun wahrlich nicht an einem Übermaß theoriegestützter Überlegungen oder wissenschaftlicher Arbeiten –, so sinnlos ist es auch, lediglich auf einem theoretischen Konstrukt aufbauend, die komplizierten Handlungsabläufe vor Ort quasi *ex kathedra* zu erklären. Ausgangspunkt müssen stattdessen – und das betone ich immer wieder – die konkreten Verhältnisse in den Makro- und Mikroregionen sein, wie sie uns in den Quellen begegnen. Erst darauf aufbauend können wir versuchen, zu übergreifenden, allgemeingültigen Aussagen zu kommen, die bei Bedarf immer wieder verifiziert bzw. falsifiziert werden müssen.

2.) Fragen der Anwendung auf die Deutschen in Polen:

Generell stellt sich die Frage, wie ein so allgemein gehaltenes Vergleichspaar wie Identität und Alterität auf die Deutschen in Polen angewendet werden kann. Selbst wenn man sich strikt an das Aufgabengebiet dieser Kommission hält und somit im weitesten Sinne das

---

[27] Überprüft am 24.6.2007. Allerdings gehen die Trefferzahlen für „Identität" leicht zurück, wohingegen sie für „Alterität" leicht zunehmen.
[28] Niethammer (wie Anm. 20), S. 629.

Identitäten und Alteritäten

Polen vor den Teilungen des 18. Jahrhunderts als Ausgangsterritorium nimmt, und nicht wie das mitunter getan worden ist die Grenzen der Zweiten Polnischen Republik, so müssen wir doch ganz selbstverständlich weit davon entfernt sein, ein einheitliches Bild von quasi „Volksdeutschen" zu konstruieren und bis ins Mittelalter zu projizieren. Ist es doch zudem kein Zufall, dass es nicht einmal in der Phase des pervertiertesten Nationalismus in der ersten Hälfte des 20. Jahrhunderts gelang, eine einheitliche „deutsche Volksgruppe" zu schaffen, obwohl dies bekanntlich durchaus versucht wurde. Es gab eben nicht einmal in der Theorie ein „Polendeutschtum", das dem „Sudetendeutschtum" oder „Ungarndeutschtum" entsprochen hätte. Wir müssen uns also endgültig davon verabschieden, in Kategorien des Volkstumskampfes zu denken. Die politische Geschichte kann zudem lediglich ein Ausgangspunkt für tiefer gehende Überlegungen sein. Selbstverständlich spielten staatsrechtliche Veränderungen und Grenzverschiebungen im Alltag der einzelnen Menschen durchaus eine Rolle, nicht immer veränderten sie jedoch das Bild von sich selber und den unmittelbaren Nachbarn. Jedenfalls nicht so schnell. Es besteht also kein anderer Ausweg, als vor dem Hintergrund von Epoche und Raum genauer auf die kleinteiligen Strukturen zu blicken, selbst wenn dadurch unsere schöne, klar strukturierte Nationalitätenwelt durcheinander gerät. Oder, um mit Rex Rexheuser zu sprechen: „Will man beschreiben, wie die Beziehung zwischen den beiden Gruppen" – also zwischen Deutschen und Polen – „sich gestaltet hat, dürfen [...] ethnische Kennzeichnungen nie ohne genaue Bestimmung der spezifischen, für Ort und Zeit, das Milieu und die Personen gültigen Differenzen gebraucht werden".[29]

Völlig ohne den Begriff der Ethnizität lässt sich das deutsch-polnische Verhältnis also nicht denken. Die Erklärungsansätze, die sich damit verbinden, sind Legion. Von einer gewissen Statik der Positionen lässt sich wegkommen, wenn man Ethnizität als interesse-

---

[29] Rex Rexheuser, Einleitung, in: Procesy akulturacji/asymilacji na pograniczu polsko-niemieckim w XIX i XX wieku [Akkulturations-/Assimilationsprozesse im polnisch-deutschen Grenzraum im 19. und 20. Jahrhundert], hrsg. v. Witold Molik / Robert Traba, Poznań 1997. S. 21.

geleitete soziale Konstruktion erklärt.[30] Demnach sind Unterschiede der Herkunft, des Aussehens oder der Tradition nicht auf ethnische Zugehörigkeit zurückzuführen, sondern diese stellt eine Ressource der Abgrenzung dar, auf die man sich berufen kann, wenn es für die Verfolgung von Interessen und Zielen nützlich ist.[31] Vorgänge der Selbst- und Fremdethnisierung und die daraus resultierenden Konflikte haben ihre Basis demnach in der Sicherung oder Steigerung des Wertes sozial relevanter Ressourcen der alltäglichen Lebensführung oder – um mit Bourdieu zu sprechen – des sozialen Kapitals.[32] Können die Konflikte also zum einen ökonomischer Natur sein – man bedenke nur die materiellen Veränderungen, d.h. Verschlechterungen, für die im neuen polnischen Staat nach 1918 verbliebenen Deutschen –, so können sie andererseits auch mit Legitimitätsaspekten verbunden sein, wenn nämlich Ethnizität als ethnische Zugehörigkeit zu einer Gruppe verstanden und als Mobilisierungsressource genutzt wird – folglich die typische Erklärung für den Erfolg des Nationalsozialismus unter den deutschen Minderheiten Mittel- und Osteuropas. Ferner besteht unter Umständen ein Bezug zu individuellen Konflikten, bei denen es um die Abwehr von Bedrohungen, Diskriminierungen etc. geht.[33] Letzteres bietet unter Umständen einen Erklärungsansatz für den Siegeszug des Nationalismus gerade in den unteren Schichten der Gesellschaft.

Im Rahmen der Tätigkeit unserer Kommission haben wir es jedenfalls mit völlig unterschiedlichen Regionen zu tun, auf die die einzelnen Aspekte unterschiedlich gut anwendbar sind, weswegen eine vergleichende Perspektive die Differenzen, aber auch etwaige Gemeinsamkeiten besonders gut ans Licht bringen kann. Die Geschichte der Deutschen in Polen ist zunächst einmal bekanntlich die verschiedener Einwanderungswellen. Im Zuge der mittelalterlichen Ostsiedlung kamen vermutlich Hunderttausende Deutsche (zu denen

---

[30] Die folgenden Anregungen entnehme ich Axel Groenemeyer, Kulturelle Differenz, ethnische Identität und die Ethnisierung von Alltagskonflikten, in: Die Ethnisierung von Alltagskonflikten. Hrsg. v. dems. / Jürgen Mansel, Opladen 2003, S. 11-46.
[31] Ebd., S. 23. Siehe auch Ethnic Groups and Boundaries. The Social Organization of Social Difference, hrsg. v. Fredrik Barth, Boston 1969.
[32] Groenemeyer (wie Anm. 30), S. 24.
[33] Ebd., S. 40.

damals auch Niederländer und Flamen zählten) in die polnischen Gebiete und nach Böhmen. Insbesondere in den Städten bildete sich ein zahlenmäßig starkes Bürgertum heraus. Daraus ergaben sich verschiedene Konflikte, die in der Vergangenheit sowohl in der deutschen wie der polnischen Forschung vor allem als nationale gedeutet worden sind wie der bekannte so genannte „Aufstand des Vogts Albert" im Jahre 1312, der zweifellos eine nationale Komponente besaß, die jedoch vermutlich nicht entscheidend war.[34] Drei Viertel der Krakauer Bevölkerung waren noch im 15. Jahrhundert Deutsche. Bereits ein Jahrhundert später sah die Situation völlig anders aus und waren die meisten polonisiert worden. Seit 1537 wurde der Hauptgottesdienst der Marienkirche auf Polnisch abgehalten, seit 1600 entschieden die Gerichte in polnischer Sprache, weil „wenn die Gerichte in deutscher Sprache abgehalten werden, verstehen dies wenige".[35] Ähnlich verhielt es sich in anderen Städten wie etwa in Posen, wo der Polonisierungsprozess sogar bereits früher eingesetzt hatte, vielleicht weil der deutsche Bevölkerungsanteil insgesamt nicht so hoch war.[36] Die traditionelle deutsche Historiographie kommentierte diese Vorgänge mit großer Sorge. So schrieb Erich Schmidt in seiner Geschichte des Deutschtums im Lande Posen von 1905: „Von der großen deutschen Einwanderung des 13. und 14. Jahrhunderts, die einst das ganze Land zu überfluten und in ein deutsches, wie das benachbarte Schlesien, umzuwandeln drohte, hatten am Ende des 16. Jahrhunderts nur spärliche Reste in einigen Grenzgebieten und in der Landeshauptstadt ihr Volkstum bewahrt. So hatten also die deutsche Kraft und Einsicht in Handel und Wandel, in Gewerbebetrieb und Ackerbau, in Kunst und Wissenschaft Jahrhunderte lang doch nur gearbeitet, um ein fremdes, oft feindlich gesinn-

---

[34] Jerzy Wyrozumski, Bunt wójta Alberta [Der Aufstand des Vogtes Albert], in: Ders.: Dzieje Krakowa [Geschichte Krakaus], Bd. 1, Kraków 1992, S. 199-211. Noch Joachim Rogall („Land der großen Ströme. Von Polen nach Litauen". Hrsg. v. dems., Berlin 1996, S. 76) betont den antideutschen Charakter der Niederschlagung des Aufstands.
[35] Raimund Friedrich Kaindl, Geschichte der Deutschen in den Karpatenländern, Bd. 1, Gotha 1907, S. 146.
[36] Kazimierz Tymieniecki, Polszczenie się Niemców w miastach wielkopolskich w XV wieku, [Die Polonisierung der Deutschen in den großpolnischen Städten im 15. Jahrhundert] in: Roczniki Historyczne 14 (1938), S. 66-100. Der Text entstand als Reaktion auf verschiedene Polemiken Kurt Lücks.

tes Volk innerlich zu stärken."[37] Die mittelalterlichen Siedler akkulturierten und assimilierten sich überall außer in den mehrheitlich deutsch bewohnten und mit königlichen Sonderrechten ausgestatteten Städten Preußens königlichen Anteils, also in Danzig, Thorn und Elbing.

Eine zweite Siedlungswelle geringeren Ausmaßes folgte vom 16. bis zum 18. Jahrhundert im Westen und Norden Polens. Dabei handelte es sich hauptsächlich um Bauern und Vertreter religiöser, das heißt protestantischer, Minderheiten. Hinzu kamen gewisse kulturelle Eliten, die sich in der Hauptstadt Warschau niederließen und insbesondere in der Sachsenzeit sowie unter dem letzten König Stanisław August Poniatowski eine wichtige Rolle im öffentlichen Leben spielten. Als Beispiele seien nur der Polyhistor Samuel Gottlieb/Bogumił Linde, der Buchhändler Michael Gröll oder der Aufklärer Lorenz Mitzler de Kolof genannt.[38] Diese Elitenvertreter gerieten jedoch rasch unter den Einfluss der polnischen Kultur und polonisierten sich relativ bald. Das galt auch für die meisten anderen Deutschen, die noch im Jahre 1787 etwa 10 Prozent der Einwohner Warschaus stellten.[39] Die Assimilation konnte jedoch auch im ländlichen Raum schnell erfolgen. Die in der ersten Hälfte des 18. Jahrhunderts nach Großpolen gekommenen katholischen Franken, die so genannten Bamberger oder *bambry*, bewahrten sich zwar gewisse kulturelle Traditionen, gingen jedoch rasch zum Polnischen als Umgangssprache über.[40]

Die dritte große Siedlungswelle war eine Konsequenz der Teilungen Polens nach 1772. Sie betraf sowohl die neuen preußischen Gebiete als auch Galizien. Besonders nach den Beschlüssen des Wiener Kongresses 1815 nahm die Zahl der Deutschen im Posener Land deutlich zu. Bis etwa 1860 handelte es sich um etwa 300.000 neue Bewohner, prozentual nahm der deutsche Anteil zwi-

---

[37] Erich Schmidt, Geschichte des Deutschtums im Lande Posen unter polnischer Herrschaft, Bromberg 1904, S. 304.
[38] Mieczysław Klimowicz, Deutsch-polnische literarische Grenzgebiete im 18. Jahrhundert, Berlin 2004, insbes. S. 23-98; Olena Błażejewicz, Samuel Bogumił Linde – bibliotekarz i bibliograf [S.B. Linde – Bibliothekar und Bibliograph], Wrocław 1975.
[39] Otto Heike, Die deutsche Minderheit in Polen bis 1939, Leverkusen 1985, S. 58.
[40] Maria Paradowska, Die Bamberger im Posener Land. Geschichte und Kultur einer deutschen Einwanderung (ab 1719) im Wandel der Zeit, Bamberg 1994.

schen 5 und 8 Prozent zu.[41] Gleichzeitig vollzog sich jedoch auch eine größere Abwanderungswelle, die unter anderem die Tuchmacher betraf, die sich zwischen 1815 und 1830 im russischen Kongresspolen ansiedelten und dort das Lodzer Industrierevier mit schufen.[42] Auch in Wolhynien ließ sich seit dem frühen 19. Jahrhundert eine größere Anzahl an Deutschen nieder. Die meisten von ihnen kamen nach 1860 aus Mittelpolen. Die Initiative ging in der Regel von polnischen Gutsbesitzern aus. Um die Jahrhundertwende lebten etwa 200.000 Deutsche dort. Die meisten von ihnen wurden zu Beginn des Ersten Weltkriegs von den Russen deportiert und konnten häufig erst nach 1920 in den nun polnischen Teil Wolhyniens zurückkehren.[43] In Galizien sollte die von Maria Theresia und ihrem Sohn Joseph II. betriebene Ansiedlung deutschsprachiger Bauern und Handwerker die Wirtschaftsentwicklung vorantreiben.[44] Dabei ging es nicht um eine möglichst große Zahl an Siedlern, sondern eine qualitative Steigerung der Produktion. Mit verschiedenen Patenten und Erleichterungen sollte die Kolonisation angeschoben werden. Nach 1782 begannen die ländlichen Ansiedlungen vor allem im Osten Galiziens, wobei auf konfessionelle Homogenität geachtet wurde. Auch im Laufe des 19. Jahrhunderts wurden immer wieder neue Siedlungen angelegt. Ein Teil der Altsiedler war inzwischen auch in die Bukowina oder nach Russland weiter gezogen. Isabel Röskau-Rydel hat darauf hingewiesen, dass sich in Galizien eine andere Form des Zusammenlebens zwischen Polen und Deutschen entwickelte als in Preußen. Dies galt besonders für die mittleren und oberen Gesellschaftsschichten, die zur Akkulturation an das Polentum neigten.[45] Dagegen bewahrte die bäuerliche Landbevölkerung

---

[41] Krzysztof Makowski, Deutsche in Posen (1815-1870), in: Land der großen Ströme (wie Anm. 34). S. 234.
[42] Otto Heike, Aufbau und Entwicklung der Lodzer Textilindustrie, Dortmund 1971.
[43] Dietmar Neutatz, Die „deutsche Frage" im Schwarzmeergebiet und in Wolhynien: Politik, Wirtschaft, Mentalitäten und Alltag im Spannungsfeld von Nationalismus und Modernisierung (1856-1914), Stuttgart 1993; Nikolaus Arndt, Die Deutschen in Wolhynien: ein kulturhistorischer Überblick, Würzburg 1994.
[44] Grundlegend hierzu Isabel Röskau-Rydel, Galizien, in: Galizien, Bukowina, Moldau, hrsg. v. ders., Berlin 1999, S. 22-37.
[45] Röskau-Rydel, Galizien (wie Anm. 44), S. 88/89; dies., Integration oder Abgrenzung? Deutschösterreichische Beamtenfamilien in den Städten Galiziens 1772 bis 1918, in: Stadtleben und Nationalität, hrsg. v. Markus Krzoska und ders., München 2006, S. 67-82; zur der

weitgehend ihre religiösen und nationalen Traditionen, häufig freilich um den Preis des ausbleibenden sozialen Aufstiegs und einer nicht stattfindenden Herausbildung eigener Eliten. Die Geschichte der Auseinandersetzungen in der zweiten Hälfte des 19. Jahrhunderts ist bekannt. Das Entstehen zweier Parallelgesellschaften, Kulturkampf, organische Arbeit und Schulstreiks, Ostmarkenverein und Landkauf, die Selbstmodernisierung[46] der polnischen Gesellschaft, der von Galizien ausgehende *nation-building*-Prozess und vieles mehr. Bei der Vielzahl von Veröffentlichungen in Deutschland und Polen ist häufig übersehen worden, dass das Zusammenleben in den meisten Orten weiterhin relativ reibungslos funktionierte, Bilingualität weit verbreitet war und die einfachen Thesen vom ewigen deutsch-polnischen Kampf bei weitem nicht überall auf fruchtbaren Boden fielen.[47] Nichtsdestotrotz nahmen die Konflikte im frühen 20. Jahrhundert an Bedeutung zu. Im Zuge der sich ausbreitenden Moderne begannen sich die Individuen auch hier von alten Bezugspunkten zu lösen und sich mit neuen sinnstiftenden Vorgaben wie dem Nationalismus auseinanderzusetzen. Translokale Identifikatoren, die etwa im konfessionellen Bereich schon immer eine wichtige Rolle gespielt hatten, wurden im Zeitalter einer sich ausbreitenden Öffentlichkeit und der damit einhergehenden gesellschaftlichen Differenzierung und Demokratisierung immer wichtiger.[48]

älteren Sicht der Ereignisse vgl. Sepp Müller, Von der Ansiedlung bis zur Umsiedlung. Das Deutschtums Galiziens, insbesondere Lembergs 1772-1940, Marburg 1961.

[46] Vgl. hierzu die Beiträge von Lech Trzeciakowski, Mariusz Kulczykowski und Wiesław Caban in dem von Lech Trzeciakowski und Krzysztof Makowski 1999 in Posen herausgegebenen Band „Samomodernizacja społeczeństw w XIX wieku: Irlandczycy, Czesi, Polacy" [Selbstmodernisierung der Gesellschaften im 19. Jahrhundert: Iren, Tschechen, Polen].

[47] Hinzuweisen ist in diesem Kontext nach wie vor auf die beispielhafte Lokalstudie von Mathias Niendorf, Minderheiten an der Grenze: Deutsche und Polen in den Kreisen Flatow (Złotów) und Zempelburg (Sępólno Krajeńskie) 1900-1939, Wiesbaden 1997.

[48] Moritz Csáky; Johannes Feichtinger; Peter Karoshi; Volker Munz, Pluralitäten, Heterogenitäten, Differenzen. Zentraleuropas Paradigmen für die Moderne, in: http://www.kakanien.ac.at/beitr/theorie/MCsaky_JFeichtinger_PKaroshi_VMunz1.pdf, S. 1 (zunächst erschienen in: Kultur – Identität – Differenz. Wien und Zentraleuropa in der Moderne, hrsg. v. Moritz Csáky (u.a.,), Innsbruck (u.a.) 2004, S. 13-43; Reinhard Koselleck, Vergangene Zukunft. Zur Semantik geschichtlicher Zeiten, Frankfurt am Main 1979, S. 260-277.

Identitäten und Alteritäten

Der Verlust der Provinz Posens, Westpreußens und von Teilen Oberschlesiens traumatisierte Teile der nun auch staatlich zur Minderheit gewordenen deutschen Bevölkerung dieser Gebiete, die häufig alleine im Nationalsozialismus ein Mittel zur Lösung ihrer Probleme sah und umgekehrt von Berlin als Faustpfand im Konflikt mit Polen eingesetzt wurde.[49] Die Meinungsunterschiede zwischen einheimischen und zugezogenen Deutschen, die schon im 19. Jahrhundert existiert hatten, prägten nicht nur die Zeit zwischen den Weltkriegen, sondern auch die Jahre des Zweiten Weltkriegs selbst.

Nicht vergessen dürfen wir allerdings bei all dem die Juden, die sich plakativ formuliert gleichsam an der Nahtstelle zwischen Ost- und Westjudentum befanden. Ihre Bedeutung durchlief im Laufe der Jahrhunderte vielfältige Veränderungen. Von der rechtlich zeitweise privilegierten, aber dadurch auch segregierten Gruppe in der Rzeczpospolita über die einflussreichen Bürger der Städte in der Provinz Posen, die sich im 19. Jahrhundert immer stärker der deutschen Kultur akkulturierten, die Lodzer Juden, die sich eher als Polen fühlten oder nationaljüdische Ambitionen entwickelten, bis zu den armen Ostjuden in den Schtetln Galiziens, die wenig Möglichkeiten auf einen sozialen Aufstieg besaßen und zudem der ständigen Gefahr von Pogromen ausgesetzt waren, erstreckten sich Welten.[50] Zweifellos wäre es zudem interessant, andere Minderheiten in die Überlegungen mit einzubeziehen, etwa Ruthenen und Armenier in Galizien, Kaschuben und Slovinzen in Preußen. Dieser Band kann jedoch nur in kleinem Rahmen Fallbeispiele aufgreifen, denen wir uns unter anderem mit Hilfe verschiedener Leitfragen annähern können. Diese Leitfragen liefern ein Instrumentarium verschiedener Handlungs-

---

[49] Gerhard Wolf, Die deutschen Minderheiten in Polen als Instrument der expansiven Außenpolitik Berlins, in: Die „Volksdeutschen" in Polen, Frankreich, Ungarn und der Tschechoslowakei. Mythos und Realität, hrsg. v. Jerzy Kochanowski / Meike Sach, Osnabrück 2006, S. 41-75.
[50] Żydzi w Wielkopolsce na przestrzeni dziejów [Die Juden in Großpolen im Laufe der Geschichte], hrsg. v. Jerzy Topolski und Krzysztof Modelski, Poznań 1995; Sophia Kemlein, Die Posener Juden 1815-1848: Entwicklungsprozesse einer polnischen Judenheit unter preußischer Herrschaft, Hamburg 1997; Majer Bałaban, Dzieje Żydów w Galicji i Rzeczypospolitej Krakowskiej: 1772-1868 [Geschichte der Juden in Galizien und der Republik Krakau 1772-1868], Lwów 1914; Polen, Deutsche und Juden in Lodz: 1820-1939; eine schwierige Nachbarschaft, hrsg. v. Jürgen Hensel, Osnabrück 1999.

felder und Kategorien, unter denen Religion und sozialer Alltag eine mindestens ebenso wichtige Rolle einnehmen wie Nation. Mit Hilfe dieser Fragen kann man synchron oder diachron zu einer gewissen Kategorisierung vorstoßen oder zumindest einige Raster schaffen, die bei der konkreten Quellenarbeit die Vielfalt des Materials zu bewältigen helfen. Es ist sicherlich kein Zufall, dass sich diese Fragen in erster Linie auf Aspekte der sozialen Interaktion konzentrieren. Deswegen ist es eine Selbstverständlichkeit, dass wir im Rahmen der Kulturgeschichte über die rein historistische Faktographie hinausgehen müssen und das Instrumentarium von Nachbarwissenschaften wie Soziologie, Anthropologie, Literatur- und Sprachwissenschaft etc. entsprechend nutzen.

3.) Desiderata und Operationalisierungsversuche

Welche allgemeinen Fragen können wir vor diesem Hintergrund nun stellen? Ich nenne hierzu insgesamt fünf Punkte.

1.) Wie wirkte sich die Wahrnehmung des Andersseins, der Minderheitenrolle in einer Mehrheitsgesellschaft, im konkreten Alltag aus?
2.) Welche Faktoren begünstigten die Schaffung eines Zusammengehörigkeitsgefühls und als wie stabil erwiesen sich die geschaffenen Interessengruppen?
3.) Welche Strategien der Inklusion und Exklusion verwandten die maßgeblichen Akteure der jeweiligen Gruppen?
4.) Wie handelten die Angehörigen imaginierter Gemeinschaften in Konfliktsituationen? Welche Kategorien stellten sie in den Vordergrund? Warum waren die Versuche zur Ethnisierung manchmal erfolgreich, manchmal nicht?
5.) Wie vollzog sich die Hierarchisierung von Identitätsstrukturen und wie entwickelte sich das Verhältnis zwischen den kleinen, lokalen und den überregionalen, großen Identitätsangeboten?

Und welche Theoriemodelle bieten sich hieraus zur Erforschung der konkreten lebensgeschichtlichen Zusammenhänge an? Als – völlig unvollständige – Möglichkeiten seien hier genannt:

a) das Konzept der Kreolisierung bzw. des Crossover, also eines sozialen Prozesses des gegenseitigen kulturellen Austauschs, von dem Sprache und Literatur, Essen und Trinken, Kleidung und Wohnen sowie die sozialen Beziehungen beeinflusst werden,[51]

b) das Modell der Hybridisierung, also der Schaffung einer Mischform zweier ursprünglich getrennter Kulturen,[52]

c) der Diskurs von Orientalismus und Kolonialismus,[53]

d) die klassische Nationalismustheorie mit ihren poststrukturalistischen Modifizierungen,[54]

e) das Antigruppismuskonzept des bereits erwähnten Soziologen Rogers Brubaker, also die strikte Ablehnung der Existenz klar unterscheidbarer, nach innen homogener und nach außen scharf abgegrenzter Einheiten, die als kollektive Protagonisten von „ethnischen Konflikten" fungieren,[55]

e) verschiedene Konzepte der soziologischen Akkulturations- bzw. Assimilationsforschung?[56]

Dies sind jedoch alles nur Vorschläge und Anreize für eine theoriegestützte Betrachtungsweise. Es ist allerdings die Aufgabe der deutschen Polenforschung, die Erfahrungen aus anderen Wissenschaften bzw. aus der Beschäftigung mit anderen politischen und geografischen Regionen zu adaptieren, weiter zu entwickeln und

---

[51] John Holm, Pidgins and Creoles. Bd. 1: Theory and Structure, Sociolinguistics, Cambridge 1988; Tomasz Kamusella, Das oberschlesische Kreol: Sprache und Nationalismus in Oberschlesien im 19. und 20. Jahrhundert, in: Die Geschichte Polens und Deutschlands im 19. und 20. Jahrhundert, hrsg. v. Markus Krzoska / Peter Tokarski, Osnabrück 1998, S. 142-161.

[52] Marwan M. Kraidy, Hybridity: or the cultural logic of globalization, Philadelphia 2005; Jan Nederveen Pieterse, Globalization and Culture: global mélange, Oxford 2004.

[53] Said (wie Anm. 24), María do Mar Castro Varela, Nikita Dhawan, Postkoloniale Theorie. Eine kritische Einführung, Bielefeld 2005.

[54] Miroslav Hroch, Das Europa der Nationen. Die moderne Nationsbildung im europäischen Vergleich, Göttingen 2005.

[55] Brubaker, Ethnicity (wie Anm. 17).

[56] Ulrich Gotter, „Akkulturation" als Methodenproblem der historischen Wissenschaften, in: wir – ihr – sie. Identität und Alterität in Theorie und Methode, hrsg. v. Wolfgang Eßbach, Würzburg 2000, S. 373-406; Procesy akulturacji (wie Anm. 29).

die Ergebnisse der Forschungen wiederum in einen transnationalen Kontext zu überführen. Nur so kann die binationale Nabelschau, wie sie die Geschichtswissenschaft in Polen wie in Deutschland lange Zeit geprägt hat, allmählich überwunden werden und nur so können die Geister allmählich verdrängt werden, die vor über hundert Jahren gerufen immer noch große Bereiche unserer heutigen Wirklichkeit beherrschen.

Jerzy Strzelczyk

Die Deutschen in Polen im Mittelalter[*]

1. Es wäre schwer, eine passendere zeitgenössische Quellenaussage zur Eröffnung dieses Vortrages zu finden, als die eines unbekannten Verfassers der so genannten Großpolnischen Chronik. Die Hauptschicht dieser Chronik gehört zwar chronologisch, inhaltlich und ideengeschichtlich noch dem Ende des 13. Jahrhunderts an und dementsprechend ist die antideutsche Tendenz darin sehr ausgeprägt (wofür Beispiele im weiteren Teil dieses Vortrags angeführt werden), doch ist in der späteren Schicht (Interpolation) oder der späteren Redaktion, die ohne Zweifel im 14. Jahrhundert entstanden ist, davon keine Spur mehr zu finden. Umgekehrt, finden wir hier eine in der Geschichte der polnisch-deutschen Beziehungen des Mittelalters erstaunliche und einmalige Behauptung, ja Vision einer besonderen Freundschaft zwischen Polen und Deutschen:

„Item alia interpretatione Germanorum: dicuntur a german, quia unus alterum fraternitatis consanguineitate attingebat. Nam germo est quoddam instrumentum in quo duo boves simul iuncti trahendo aratrum seu plaustrum incedunt, sic et Theutunici cum Slauis regna contigua habentes simul conversacione incedunt, nec aliqua gens in mundo est sibi tam communis et familiaris veluti Slaui et Theutonici".[1]

Den Autor dieser Zeilen kennen wir nicht. Mit einer gewissen Wahrscheinlichkeit ist er aber unter den polnischen Geistlichen zu suchen,

---

[*] Der Beitrag, der inhaltlich weitgehend auf dem Text des Verfassers, *Polen und Deutsche im mittelalterlichen Großpolen,* in: Slawen, Deutsche und Dänen in zwei historischen Grenzregionen [Schleswig-Holstein und Großpolen]. Vorträge einer gemeinsamen Konferenz des Instituts für Geschichte der Adam-Mickiewicz-Universität Poznań und des Historischen Seminars der Christian-Albrechts-Universität zu Kiel, Poznań 23.-25.Okt.1997, hrsg. von J. Strzelczyk, Poznań 2001 [Publikacje Instytutu Historii UAM, 38], S. 33-55), fußt, hat die Vortragsform beibehalten. Auf die Anmerkungen und genauen Quellenhinweise wurde demgemäß zum größten Teil verzichtet, dafür wird am Ende die wichtigste Literatur beigegeben.
[1] Chronica Poloniae Maioris / Kronika Wielkopolska, hrsg. v. Brygida Kürbis, Warszawa 1970, S. 6.

die im Umkreis des Schweriner Bischofs Andreas von Wiślica (1348-1356) tätig gewesen sind, es ist auch nicht ausgeschlossen, dass es der spätere Vizekanzler Polens und Chronist Jan(ko) von Czarnków war. Die erste Hälfte des 14. Jahrhunderts gilt im Allgemeinen als die Zeit der höchsten Ausprägung antideutscher Strömungen und Manifestationen in Polen, was bestimmt mit der Entwicklung der politischen und gesellschaftlichen Verhältnisse im breit verstandenen Bereich der deutsch-polnischen Beziehungen in Verbindung stand. Das Bewusstsein eines deutsch-polnischen Antagonismus war um diese Zeit nicht nur auf beiden direkt betroffenen Seiten ausgeprägt, sondern auch sonst in Europa verbreitet. *Naturale odium est inter ipsos* [Polonis] *et Teotonicos* - weiß der unbekannte Verfasser der „Descriptio Europae Orientalis" (vermutlich ein französischer Franziskaner) mitzuteilen.[2] Im 15. Jahrhundert sprach der Pole Jan Ostroróg über das *odium naturale* zwischen den polnischen und deutschen Sprachen. In der Vorrede zum vor dem Jahre 1320 niedergeschriebenen Elbinger polnischen Gewohnheitsrechtsbuch, schreibt der unbekannte Verfasser über „ein Volk [gleich namentlich genannt: „das sich Polen nennt"], das den Deutschen Nachbar und für sie sehr schwer ist", was – wohlgemerkt – ihn daran nicht hinderte, die Rechtsverhältnisse der Polen eher positiv zu beurteilen: obwohl dieses Volk „is nu vornarret", „zo hat doch beharret,\ daz iż mit synem geslechte \ an synem rechte, \ dy keinem lande ist undirtan".[3] Von vielen ähnlichen Beispielen sei hier nur noch an eine Bestimmung des Breslauer Domkapitels von 1498 erinnert, die Einwohner des polnischen Staates zu höheren kirchlichen Würden nicht zuzulassen, wobei zwischen anderen Argumenten mehrmals auf die Sprach- und Sittenunterschiede zwischen Deutschen und Polen angespielt wurde, u.a. wurde offen behauptet, dass Polen „der Deutschen Nation und der Gewohnheit gegenüber vollkommen fremd sind".

2. Die Frage, inwieweit und wie genau solche Aussagen damalige mittelalterliche Wirklichkeit widerspiegeln, das heißt ob sie als ver-

---

[2] Anonymi Descriptio Europae Orientalis 'Imperium Constantinopolitanum, Albania, Serbia, Bulgaria, Ruthenia, Ungaria, Polonia, Bohemia'. Anno 1308 exarata. Hrsg. v. Olgierd Górka, Krakau 1916, S. 56.
[3] Najstarszy zwód prawa polskiego. Hrsg. v. Józef Matuszewski, Warszawa 1959, S. 151.

breitet bzw. für breitere gesellschaftliche Kreise als typisch gelten können, ist natürlich schwer zu beantworten. Die Intensität dazugehörender Quellenzeugnisse scheint auf beiden Seiten verschieden zu sein, sicher entsprechend des tatsächlichen Stellenwertes der jeweiligen Beziehungen zueinander. Es muss allerdings daran erinnert werden, dass man die Herausbildung von Einstellungen und Stereotypen im Mittelalter gegenüber der slavischen Welt insgesamt und speziell den polnischen Nachbarn auf deutscher Seite trotz mancher detaillierter Arbeiten nur schwer als wissenschaftlich erforscht ansehen kann, während ihnen auf polnischer Seite doch wesentlich mehr Aufmerksamkeit geschenkt wurde. Wenn es sich um die deutsche Seite handelt, wäre, wenn man auf die Auflistung mancher älteren und meistens zu vorschnellen Verallgemeinerungen neigenden Publikation verzichtet, vor allem auf die Monographie von Paul Görlich aus dem Jahre 1964 zu verweisen, die sich allerdings auf die ostdeutschen Quellen des 12. bis 14. Jahrhunderts beschränkt, wo die Aussagen zur polnischen Nachbarschaft zwar am ehesten zu erwarten sind, ihr Aussagewert für andere deutsche Territorien und Epochen der polnisch-deutschen Geschichte jedoch naturgemäß begrenzt ist. Weder bei Widukind von Corvey noch bei Thietmar von Merseburg finden wir, obwohl der letztgenannte dem polnischen Herrscher Bolesław Chrobry sehr feindlich eingestellt war, irgendwelche gegen Polen gerichtete Verallgemeinerungen, ganz im Gegensatz zu den ausgesprochen negativen Äußerungen gegenüber den noch heidnischen Elbslaven, obwohl die Verwandtschaft zwischen allen Zweigen des Westslaventums (Böhmen, Polanen und Elbslaven) doch z.B. bei Adam von Bremen (II,21: *nec habitu nec lingua discrepant*) richtig erkannt wurde. Bei Helmold von Bosau (I,10) werden sowohl positive („erweisen sie sich zwar als tapfer im Krieg") wie auch negative („jedoch äußerst grausam bei Plünderungen und Mordtaten; weder Klöster noch Kirchen noch Friedhöfe verschonen sie. Man kann sie in auswärtige Kriege nur verwickeln, wenn man die Bedingung zugesteht, dass Schätze, die sich im Schutz heiliger Stätten befinden freigegeben werden sollen. So kommt es denn, dass sie aus Beutegier ihre besten Freunde oft wie Feinde misshandeln, weshalb sie sehr selten zu irgendwelchen Hilfsleistungen in Kriegen herangezogen werden") Eigentümlichkeiten der Polen nebeneinander genannt. Der am Ende des 13. Jahrhunderts schreibende Verfasser des Chronicon Polono-Silesiacum, übrigens in Bezug auf die Polen eher zurückhaltender, unterstreicht die Listigkeit und den Kriegsbetrug der Polen, wobei er den zweiten Name der Polen, Lechi, mit dieser Eigenschaft verknüpft (*Lechi autem dicti fuerunt Poloni, eo quo magis decepcionibus et calliditate in bellis utebantur quam viribus*). Weil er später mehrmals identische Eigenschaften den Krakauern zuschreibt, dürfen wir wahrscheinlich die Grundlage solch negativer Beurteilung in den regionalpolitischen Beziehungen zwischen Kleinpolen und Schlesien im 13. Jahrhundert suchen. Bei Peter von Dusburg sind keine gehässigen Äußerungen über die Polen zu finden, obwohl ihre Bereitschaft, beim Kriegszug gegen die Neumark, militärische Hilfe bei den heidnischen Litauer zu erbitten, doch einen gewissen Schatten auf ihr Christentum warf. Wiederum war es das konfessionelle, nicht etwa nationale Prinzip, das bei der Gesamtbewertung der Völker entscheidend war.

3. Den fest eingebürgerten Anschauungen und Stereotypen zum Trotz ist in den ältesten Phasen der polnischen Geschichtsschreibung eine relativ „milde" Beurteilung der Deutschen festzustellen. Merkwürdig und eigentlich noch immer erklärungsbedürftig ist die Tatsache, dass die älteste polnische Chronik, die des Gallus Anonymus, die langwierigen und schweren Kämpfe Polens mit dem Deutschen Reich während der Regierung Bolesław Chrobrys und Heinrichs II., die die moderne Forschung als Hauptereignis der polnischen Geschichte zu Beginn des 11. Jahrhunderts betrachtet, vollständig verschwiegen hatte. Dies trug entscheidend dazu bei, dass diese verhängnisvollen Ereignisse dem polnischen historischen Bewusstsein erst am Ende des 18. Jahrhunderts zurückgegeben wurden. Es kam dabei wohl nicht darauf an, polnisch-deutsche Konflikte etwa zu vertuschen, da Gallus Anonymus anderswo dem Krieg eines anderen Bolesław (III. Schiefmund) mit Kaiser Heinrich V., 100 Jahre später, recht viel Aufmerksamkeit schenkte. Gallus Anonymus, selbst ein Fremder in Polen, hatte wahrscheinlich keine große persönliche Abneigung gegen die Deutschen, aber er gab in seiner Chronik ziemlich

genau die Anschauungen der polnischen politischen und kirchlichen Eliten des 12. Jahrhunderts wieder. Die Deutschen, oft Sachsen genannt, waren für Gallus ein normaler, gleichwohl mächtiger Nachbar. Die Versuche Heinrichs V., in Polen kaiserliche Macht auszuüben, klar und eindeutig zurückweisend, den Krieg des Kaisers in Polen als reinen Machtkampf betrachtend, vermied der Chronist konsequenterweise, böse Erfahrungen zu verallgemeinern. Irgendwelche Züge einer ausgesprochenen Abneigung oder gar Feindschaft gegenüber den Deutschen in seiner Chronik zu suchen, wäre vergeblich, obwohl es an direkten oder indirekten Zügen einer richtigen Feindschaft gegenüber manchen anderen Völkern, an ersten Stelle – Böhmen, darin nicht fehlt. Die Böhmen waren für Gallus ein rebellisches, verräterisches Volk, *infestissimi inimici* der Polen, *naturaliter raptores. Fides Bohemica volubilis est sicut rota*. In der etwa hundert Jahre jüngeren polnischen Chronik des Krakauer Bischofs Wincenty Kadłubek ist ebenfalls keine übermäßige antideutsche Tendenz festzustellen, obwohl im Vergleich zur Chronik des Gallus eine Verschärfung der Stellung gegenüber den Deutschen unverkennbar ist, was nicht schwer zu verstehen ist, wenn man die im 12. Jahrhundert mehrfach akute Bedrohung der Unabhängigkeit und Integrität des polnischen Staatswesens seitens der Deutschen in der Stauferzeit in Betracht zieht. Kadłubek verteidigte den Grundsatz der Eigenständigkeit des polnischen Reiches und seine Unabhängigkeit von jeder Außenmacht (vor allem der des Kaisertums) bei gleichzeitiger Anerkennung einer ideellen Oberhoheit des Kaisers über die gesamte christliche Welt. Schon in der sagenumwobenen polnischen Urzeit soll es zum ersten Zusammenstoß zwischen den Vorfahren der Polen und den Deutschen gekommen sein. Es ist die Rede vom ungenannten *Lemannorum tyrannus*, der danach strebte, die Hand der lechitischen jungfräulichen Königin Wanda mit Waffengewalt zu erzwingen, um auf diese Weise die Herrschaft über das Lechitenland zu erlangen. *Quam latet, imperio, fama, virtutis odore, \ Floreque Lemmanidas moribus antefore?* (II,28), so fragt der Chronist ironisch in einer fingierten Szene des Gerichts über Zbigniew – den Bruder und unwürdigen Rivalen Bolesławs III. – die ihm die Gelegenheit bot, eine Art Zusammenstellung der pro- (in den Mund des Rebellen gelegten) und antideutschen Argumente anzufertigen. *Quem latet ambitio, fastus, cursusque furoris / Teutonici? Gerit hunc intuc hic atque foris*...Diese, nach Lucan (Pharsalia I, 255) stilisierte Äußerung gibt die Meinung des Chronisten und der dem Krakauer Hof nahe stehenden Kreise wieder. Ein gutes Beispiel der Staffelung und des wachsenden Unwillen gegenüber den Deutschen ist die Darstellung des Krieges von 1109 bei Gallus und Kadłubek. Letzterem erscheinen sie nahezu als Vertreter übernatürlicher, dämonischer Kräfte, als Ungeheuer, die allerdings außerstande sind, die tapferen polnischen Krieger zu besiegen.

Der polnisch-deutsche Zusammenstoß bei Breslau ist von Kadłubek zur großen Schlacht auf dem Hundsfeld hochstilisiert worden, an der auf deutscher Seite auch Böhmen teilgenommen haben und wo „gigantische Legionen" der Deutschen gefallen seien.

In der späterer Periode der polnischen Historiographie, unter dem Einfluss der fortschreitenden Zersplitterung Polens und der Regionalisierung des politischen Lebens verteilten sich die Akzente der Abneigung gegen die Fremden ungleichmäßig. Antideutsche Aspekte tauchen in der Krakauer Historiographie auf, jedoch eher sporadisch, im Unterschied zum großpolnischen Schrifttum, wo in der zweiten Hälfte des 13. Jahrhunderts die Hauptlast der Kämpfe mit dem damaligen Exponenten der deutschen Expansion, der Mark Brandenburg, zu bestehen war. Bemerkenswert ist die einstimmig negative Beurteilung des schlesischen Herzogs Bolesław Rogatka in der polnischen Annalistik und Chronistik (vor allem in Großpolen und in Schlesien), der das Land Lebus und die Umgebung den Deutschen übergab und darüber hinaus massenweise Deutsche nach Schlesien geführt haben soll, um mit ihrer Hilfe den Breslauer Bischof Thomas zu bekämpfen. *Sicut dyabolus invidus* griff er in der Nacht *cum Theutonicis fracto hostio* den Bischof an, nahm ihn gefangen, forderte Lösegeld und tat ihm mit Hilfe dieser Deutschen viel Unrecht an. Angemerkt sei noch, dass nach dem Verfasser der „Annales capituli Posnaniensis" nur ein *quidam pauper Teutoniculus* sich des Verfolgten erbarmte und dem nahezu entkleideten, auf dem Pferde nicht standesgemäß überführten Bischof seine elende Kleidung schenkte. Etwas später verschweigt der Verfasser der Groß-

Deutsche in Polen im Mittelalter

polnischen Chronik die deutsche Herkunft dieses Mannes. Bemerkenswert ist auch die ironische Bemerkung des Großpolnischen Chronisten, die gewissermaßen als Kommentar zum Bericht über die Inbesitznahme von Lebus durch die Deutschen zu verstehen ist, die nur mangels politischer Vernunft des Piastenfürsten möglich gewesen sein soll: *Quisne vidit Theutunicos viros strenuos et animosos esse?*

In den verhältnismäßig detaillierten und glaubhaften Angaben der großpolnischen Annalisten und Chronisten über die Kämpfe der großpolnischen Fürsten mit den Brandenburgern sind Akzente der Genugtuung über die polnischen Siege und Äußerungen herber Kritik gegenüber den Deutschen unverkennbar. *Iniuriam et perfidiam* haben sie beispielsweise gezeigt, indem sie sich weigerten, dem Fürsten Mstivoj Danzig zurückzugeben, was zur Folge hatte, dass sich dieser gezwungen sah, Hilfe vom großpolnischen Fürsten Bolesław dem Frommen zu erbitten. Nicht nur Bolesław II. in Schlesien, sondern auch der kujawische Fürst Ziemomysł wurde mit innerem Widerstand in seinem Herzogtum konfrontiert, da er die Deutschen begünstigte und sich *fratrum Barbatorum* (den Rittern des Deutschen Ordens) *interim consiliis utebatur in omnibus sequens favores. Maximus exactor nec perfectus amicus Polonorum* war auch Heinrich III. von Glogau, der zu Anfang des 14. Jahrhunderts in Großpolen regierte. Offene Bevorzugung der Deutschen wird später seinen Söhnen vorgeworfen, die den Deutschen *pro modica pecunia* zahlreiche Ländereien und Burgen übergeben hätten und schließlich von den Deutschen überredet wurden, *ut totam gentem Polonicam exterminarent, tam ecclesiasticas personas quam seculares milites.*

Zur Vertiefung der antideutschen Haltung in Polen in der zweiten Hälfte des 13. und im 14. Jahrhundert trugen verschiedene Ursachen bei, nicht nur die Verschärfung der kriegerischen Konflikte, welche die lebenswichtigen Interessen der Polen gefährdeten (vor allem die Eroberung des Lebuser Landes durch die Mark Brandenburg und die damit begonnene Expansion in den Grenzraum zwischen Großpolen und Pommern hinein, wie auch die hinterlistige Inbesitznahme Pommerellens durch den Deutschen Orden), sondern auch die Fortschritte der deutschen und einer auf deutschem Recht fußenden Siedlung auf Einladung polnischer Fürsten. Erstmals in ihrer Geschichte wurde die polnische Gesellschaft mit der unausweichlichen Koexistenz von Zuwanderern aus fremden Ländern, vor allem aus Deutschland, konfrontiert. Die Konfliktflächen entstanden zwar nicht automatisch, waren aber in vielen Fällen praktisch unvermeidbar. Obwohl es keinesfalls an den Quellenzeugnissen einer eher spontanen, nicht immer scharf ausgeprägten Abneigung gegen die Ankömmlinge fehlt, mussten in der Regel besondere Voraussetzungen und Ursachen vorliegen, damit sich eine solche schwach reflektierte Abneigung in eine offene Feindschaft bzw. in Hass verwandeln konnte.

Am frühesten finden sich die Symptome solch „höherer" Feindschaft, vor allem gegen die Deutschen, in Schlesien, wo sich das Problem der deutschen Rivalität am ausgeprägtesten aufdrängte. Dort wurden im 13. Jahrhundert lebenswichtige Interessen der polnischen Kirche direkt berührt, und zwar durch die Ablehnung der deutschen Ansiedler, den Peterspfennig – ihn zu leisten hatte jeder, der zum *regnum Poloniae* zählte – zu zahlen und strenges Fasten zu beachten. Über dieses Thema beriet schon die Breslauer Synode im Jahre 1248. Aufmerksamkeit und Besorgnis erregte die wachsende Infiltration durch die Deutschen und deren Tendenz, vor allem bei den Zisterziensern und den Franziskanern, nur Deutsche in den Konvent zuzulassen. Das Maß der Erbitterung wurde durch die Sezession einer ganzen Reihe schlesischer Minoritenklöster von der polnischen Ordensprovinz überschritten; es bot dem Gnesener Erzbischof Jakub Świnka Gelegenheit, offen einzugreifen. In einem Brief, den er im Namen des auf der Synode in Lentschütz 1285 versammelten polnischen Episkopats an die Römische Kurie schrieb, fasste er alle Vorwürfe und Klagen gegen die deutschen Zuwanderer zusammen:

> *Das polnische Volk* ... [was die Zahlung des Peterspfennig betrifft] *hat die Rechte dieser und unserer Kirche stets treu und fromm geachtet. Jetzt aber, wo das deutsche Volk (gens Theutunica) eindringt und schon an vielen Stellen Polen besetzt, erwächst daraus nicht nur für Ew. Heiligkeit, sondern auch für Uns schwerer Nachteil und Schaden in unseren Rechten".

Deutsche in Polen im Mittelalter

Die Kirche verliere nämlich den Peterspfennig, den die Ankömmlinge, *iuxta primam consuetudinem gentis sue*, zu zahlen verweigerten. Und noch mehr:

> „*Das polnische Volk wird durch sie bedrängt, verachtet, durch Kriege erschüttert, der löblichen Rechte und Gewohnheiten des Landes beraubt, im Schweigen der tiefen Nacht auf seinem Eigentum gefangen genommen und, was noch schlimmer ist als dies, die Freiheit der Kirchen verletzt und die Kirchenzucht von ihnen verächtlich und überhaupt geringschätzig behandelt...*".

Weiterhin beschreibt der Brief „den Verrat" schlesischer Franziskaner, die es plötzlich vorzögen, sich Sachsen – nach der deutschen Franziskanerprovinz „Saxonia" – zu nennen, neue Klöster in Polen bauen, keine Drohungen und Strafen der Bischöfe fürchteten und versuchten, ihren Einfluss auf die Herrscher zum Nachteil der normalen Kirchenstrukturen zu behalten. Deshalb bitten die Verfasser den Papst um Intervention,

> „*...ut tantis excessibus efficaciter correctis, provincia Polonica ad statum debitum reformetur,et Polonia, sicut prius, non Saxonia censeatur, ministroque Polonie sit subiecta; alioquin in gentis exterminium et ecclesiarum nostrarum evidens periculum cogemur flebilibus vocibus deplorare*".

Auf dieser Synode wurden auch konkrete Maßnahmen beschlossen; zum Beispiel, dass die Dom- und Klosterschulen künftig nur von polnischsprachigen Rektoren geführt werden dürfen und mit der Seelsorge verbundene Benefizien nicht an solche Ausländer verliehen werden sollen, die des Polnischen nicht mächtig seien. Die Beschlüsse der Lentschützer Synode von 1285 wurden bis in die Mitte des 14. Jahrhunderts mehrmals wiederholt.

Erzbischof Jakub Świnka, vielleicht der Hauptverfechter der politischen Wiedervereinigung Polens (er hat 1295 in Gnesen Przemysł II. und 1300 Wenzel II. gekrönt), war wegen seiner Deutschfeindlichkeit bekannt. Peter von Zittau, der Verfasser der Königsaaler

Jerzy Strzelczyk

Chronik, bezeugt, dass der Erzbischof die Deutschen als *canina capita* (Hundsköpfe) zu beschimpfen pflegte.

4. Ein Sonderfall soll die Nationalitätenprobleme in manchen Klöstern Polens im Mittelalter etwas näher erklären. Es handelt sich um die Gruppe der drei so genannten „kölnischen Zisterzienserklöster" in Großpolen: Ląd, Łekno und Obra, die im 12., bzw. in der ersten Hälfte des 13. Jahrhunderts gegründet worden sind und direkt oder indirekt mit der Abtei Altenburg bei Köln affiliiert wurden. Am Anfang zum großen Teil mit Deutschen besetzt, nahmen sie in den ersten Jahrzehnten ihres Bestehens – solange der reale Einfluss der Gründerfamilie anhielt – auch Polen an und gelegentlich wurden diese sogar Äbte. Beginnend aber etwa ab Mitte des 13. Jahrhunderts begannen alle drei Klöster damit, die Zahl der neu angenommenen Polen drastisch zu reduzieren. Auf diese Weise wurde ihre Zusammensetzung zunehmend exklusiv deutsch. Eben diese Klöster hat, neben denjenigen der schlesischen Minoriten, wahrscheinlich Erzbischof Jakub Świnka gemeint, als er – wie schon dargelegt – am Ende des 13. Jahrhunderts den Apostolischen Stuhl wegen der Arroganz der Deutschen in der polnischen Kirche und deren antipolnischer Tätigkeit alarmierte. Die Untersuchungen von Karl Militzer haben tatsächlich eine enge Verbindung der oben erwähnten drei großpolnischen Zisterzienserklöster mit Köln in der zweiten Hälfte des 14. und im 15. Jahrhundert bewiesen, damals auch – wie er wahrscheinlich machte – aber erst damals, wurde die Bezeichnung „kölnische Klöster" eingeführt und es hat sich die Tradition einer angeblich ursprünglichen deutschen Exklusivität dieser Klöster ausgebildet. Interessant ist, dass das chronologisch früheste Zeugnis dieser Tradition in der polnischen Chronik von Jan Długosz überliefert wurde. Unter dem Jahr 1145 lesen wir dort, dass schon bei der Gründung des Klosters Ląd der Großfürst Mieszko Stary (der Alte) den Einwohnern von Köln das Privileg gegeben hätte, das ihnen das exklusive Recht der Besetzung einräumte. Długosz lobte, obwohl den Deutschen gegenüber nicht gerade freundlich gesinnt, diese Praxis, dank derer in diesen Klöstern eine ideale Ordnung herrsche, sowohl in den geistigen, wie auch in den weltlichen Angele-

genheiten. Es hätte wahrscheinlich eine Verschlechterung des geistigen Lebens und eine Verarmung stattgefunden, wäre diese Sitte einmal aufgegeben worden

Fast gleichzeitig kritisierte aber der Posener Wojewode Jan Ostroróg, der in diesem Falle wohl besser als Długosz die im 15. Jahrhundert immer mächtiger werdende öffentliche Meinung des polnischen Adels und des sich schnell entwickelnden polnischen Selbstbewusstseins widerspiegelte, die nationaldeutsche Exklusivität der Klöster in Großpolen.

Wir wissen nicht, wer gegen die oben beschriebene Praxis der großpolnischen „kölnischen Klöster" die Klage erhob, die im Jahre 1489 während des Generalkapitels der Zisterzienser in Cîteaux geprüft wurde. Der Klage wurde stattgegeben, die „consuetudo vel potius corruptela", eher unwürdige (z.B. Bastarden) Kölner anzunehmen als Polen, wurde verurteilt und sollte beseitigt werden. Der Abt von Paradies wurde verpflichtet, für die Erfüllung der Bestimmungen des Generalkapitels zu sorgen.

In Kraft sind sie allerdings nicht getreten. Die drei Klöster haben bald gemeinsame Gegenmaßnahmen eingeleitet. Schon im Jahre 1491 ist der Abt von Obra mit dem Auftrag nach Cîteaux gefahren, die „uralte" Sitte zu verteidigen. Der Gesandte begab sich zunächst nach Köln, erklärte dort dem Rat – in seinem Sinne – die ganze Sache, wobei er sich auf die angeblich vierhundert Jahre alte, durch die polnischen Herrscher genehmigte Gewohnheit berief. Mit ausdrücklicher Unterstützung des Kölner Stadtrats reiste er dann weiter nach Cîteaux. Der Erfolg ist nicht ausgeblieben – der frühere Beschluss wurde aufgehoben, mit einer eher symbolischen Einschränkung, nach der nur die Kölner, die nicht jünger als 13 Jahre sind, in die großpolnischen Konvente aufgenommen werden dürften. Sie sollten außerdem nur eheliche Kinder sein und über eine gewisse Ausbildung verfügen. Die Untersuchungen von K. Militzer bewiesen eindeutig, dass unter den Kölnern in den drei großpolnischen Zisterzienserklöstern zahlenmäßig die Vertreter von weniger vermögenden Familien (hauptsächlich Handwerker) überwogen, für die die Einstiegschancen in der Heimat recht begrenzt waren. Unter anderem gab es dort einmal einen Bader, ein Beruf, der damals in der Regel als „unehrlich" galt.

„Die drei Kölnischen Klöster unterschieden sich daher nicht nur ihrer nationalen, sondern vielmehr auch ihrer sozialen Herkunft nach vom polnischen Adel" (K. Militzer), was natürlich für die immer nachhaltiger vom Adel geprägte öffentliche Meinung in Polen zunehmend zum Stein des Anstoßes wurde. Am Anfang des 16. Jahrhunderts sind die maßgebenden polnischen Autoritäten zum entscheidenden Gegenangriff übergegangen. Der Sejm von 1511 hat befohlen, auch Polen in die strittigen Klöster aufzunehmen. Die Äbte sabotierten jedoch diese Entscheidung, was, angesichts der Verminderung der Immigration aus Köln am Vorabend der Reformation, zum zunehmenden Kräfteverlust der Klöster führte. Nach einem Gesetz vom Jahre 1538 sollten nur adelige Polen Äbte werden und wenn ausnahmsweise Plebejer, dann nur mit Sondererlaubnis des Königs. Im folgenden Jahre wurde allerdings in dem Sinne diese Bestimmung gemildert, dass in den Klöstern, deren Besitzungen zum Teil außerhalb der polnischen Grenzen lagen, sowohl Deutsche als auch Polen die Abtswürde tragen durften. Auf dem Sejm in Piotrków im Jahre 1550 wurde die Abtswürde kategorisch dem Adel reserviert. Nach dem Tode des Abtes von Wągrowiec (wohin am Ende des 14. Jahrhunderts das Kloster von Łekno transferiert worden ist), Johannes IV. im Jahre 1553, widersetzten sich die polnischen Obrigkeiten der Wahl seines Nachfolgers Johannes V. (bisher war er Prior in Köln gewesen) und nominierten auf diese Stelle einen Adligen, Andrzej Dzierżanowski. In Ląd und Obra verfuhr man ähnlich. Mit den Entscheidungen der polnischen Obrigkeit nicht einverstanden, verließen deutschstämmige Mönche ihre Klöster in Großpolen und ließen sich im schlesischen Heinrichau nieder. Damit wurde ein Prozess um das Recht der Besetzung der großpolnischen „kölnischen Klöster" zwischen Köln und Polen eingeleitet, der über zwanzig Jahre dauerte, und der zeitweise selbst den Kaiser Ferdinand I. und den polnischen König Zygmunt August beschäftigte.

5. Trotz allem, worauf schon František Graus aufmerksam machte, war die Intensität antideutscher Strömungen in Polen selbst in der

Deutsche in Polen im Mittelalter

ersten Hälfte des 14. Jahrhunderts – gerade diese Periode wird manchmal nicht ganz grundlos als Höhepunkt der deutschen Bedrohung für Polen im Mittelalter betrachtet – viel geringer als im benachbarten Böhmen. Im Gegensatz zu Böhmen, das vom Beginn seiner Geschichte an dem Deutschen Reich enger verbunden und damit den verschiedenen deutschen Einflüssen seit langem ausgesetzt war, waren Deutsche in Polen nie die einzigen Fremden gewesen, und Polen hatte Grenzen nicht nur mit den Deutschen, sondern auch mit anderen Völkern, sowohl christlichen (Böhmen, Ungarn, schismatische Ruthenen), als auch heidnischen (bis Anfang des 12. Jahrhunderts Liutizen und Pomeranen, später Prußen, Jatvjager, Litauer und anderen). Die Siedlung, zum großen Teil durch deutsche Kräfte gelenkt, wenn auch nicht in dem Maße, wie die ältere, nationalistisch gesinnte deutsche Forschung vermutet hat, brachte zu viele Vorteile für das betroffene Land und seine Machthaber mit sich, als dass sie größeren Widerstand hervorgerufen hätte. Nur vereinzelt können in den Quellen klare, gegen die Deutschen gerichtete Verbote nachgewiesen werden, und wenn überhaupt, handelte es sich in der Regel um konkrete, politisch erklärbare Fälle, wie zum Beispiel in einer Urkunde des Bischofs Thomas von Breslau (1248) und einer des Władysław Łokietek (1313).

„But in general", schrieb Benedykt Zientara, "in the 14th and 15th century Poland kept an open mind for foreign ideas and influences". Die Regierung Kazimierz' IV. Wielki (des Großen, 1334-1370) konsolidierte das wiedervereinigte Königreich, regelte das Verhältnis zu den Nachbarn, führte ein namhaftes Wohlstandswachstum herbei und verschob zugleich die Schwerpunkte der Außenpolitik. Unter endgültigem bzw. zeitweiligem Verzicht auf Schlesien und Pommerellen begann jetzt der polnische Staat in südöstlicher Richtung nach Rotruthenien zu expandieren. Die Umorientierung der polnischen Politik (Union mit Ungarn, 1385 mit Litauen) hat entscheidend zur Reduzierung der Bedeutung des deutschen Faktors in der Haltung der Polen beigetragen, besonders nach der Rückgewinnung Pommerellens im Jahre 1466. Im polnischen Schrifttum, beginnend ab der zweiten Hälfte des 14. Jahrhunderts und die Momente der politischen Spannungen (wie den Großen Krieg

1409-1410 und den Dreizehnjährigen Krieg 1454-1466) ausgenommen, ist eine Beruhigung in den deutsch-polnischen Beziehungen unverkennbar. Es scheint allerdings, dass sich in der zweiten Hälfte des 15. Jahrhunderts die öffentliche Meinung in Polen, was die Haltung gegenüber Fremden angeht, in die Richtung einer Verschärfung verschob, wenn auch nur vorübergehend. Als Beweis könnten hier zwei wichtige Zeugnisse genannt werden, nämlich das schon erwähnte historiographische Werk Jan Długosz' und ein politischer Traktat Jan Ostrorógs.

Die umfangreiche Chronik von Długosz ist durch großen und überzeugenden Patriotismus gekennzeichnet, der sich mit einer allem Fremden gegenüber feindlichen Grundhaltung verbindet. „Kein Polen benachbarter Staat erfreute sich der Sympathie des Chronisten. obwohl in der Intensität des Unwillens doch Unterschiede zu bemerken sind" (S. Gawlas). Im Vergleich zu Böhmen, Ruthenen und Litauern – von den immer noch oder früher heidnischen Völkern ganz zu schweigen – fällt die Meinung des Chronisten über die Deutschen relativ günstig aus. Natürlich fehlt es in der Chronik nicht an kritischen Bemerkungen und Akzenten, die aber fast immer sehr konkreten Charakter haben und in älteren Zeiten durch die Kriege mit dem Deutschen Orden hervorgerufen oder motiviert waren. Dennoch „fehlt es bezeichnenderweise [bei Długosz] an den allgemein auf die Deutschen bezogenen Stereotypen" (ebenda), und eine Analyse der den Deutschen gegenüber unfreundlichen oder kritischen Bemerkungen des Długosz beweist, dass er nicht selten darauf verzichtete, die ihm durch seine Quellen gebotenen Vorbilder vollkommen auszunutzen. „Die antideutsche Tendenz trat in einem großen Teil dieser Quellen viel stärker hervor. Im Werk des Chronisten wurde sie einer namhaften Abschwächung bzw. Verharmlosung unterworfen" (ebenda).

Jan Długosz kann, neben Jan(ko) von Czarnków (im 14.Jh.), als Zeuge des Abbaus antideutscher Gefühle und Verhaltensweisen im wiedervereinigten, mächtigen, mit Litauen verbundenen und zunehmend ostorientierten polnischen Staat betrachtet werden. Der ominöse Satz: „Solange die Welt existiert, wird kein Deutscher einem Polen Bruder sein" („Dopóki świat światem, nie będzie Niemiec

Deutsche in Polen im Mittelalter

Polakowi bratem"), wäre in Polen des 15. Jahrhunderts ein auffallender Anachronismus gewesen.

Allerdings sind auch andersartige Tendenzen zu beobachten. Für einen entscheidenden Einfluss der aktuellen gesellschaftlichen und politischen Probleme auf die Anschauungen und Haltungen gegenüber den Fremden, in diesem Falle in umgekehrter Richtung, spricht das Beispiel des namhaften Humanisten Jan Ostroróg (ca. 1430-1501), der in seinem nach 1450 geschriebenen „Monumentum pro Reipublicae ordinatione" viele Postulate formulierte, die im Namen der Autorität des polnischen Staates und seines Herrschers zur Diskriminierung der Ausländer und Fremden führen sollten. Ostroróg forderte unter anderem die Unterlassung irgendwelcher Zeichen der Abhängigkeit des Staates vom Papsttum, besonders die Einstellung der Geldüberweisungen nach Rom, weiterhin die Belastung der Geistlichkeit zugunsten des Staates, gleichzeitig aber auch die Aufhebung des Eintrittsverbotes für Polen in die Konvente, die auf nationaler (deutscher) Exklusivität beharrten (vgl. Punkt 4), das Verbot von Predigten in deutscher Sprache („Wer in Polen leben will, soll die polnische Sprache lernen") und von Appellationen an das höchste Gericht des deutschen Rechts in Magdeburg. Unter den Forderungen Ostrorógs spielt auch das Postulat der Vereinheitlichung des Rechts für alle Einwohner des Königreichs Polen eine wichtige Rolle; darunter wurde auch die Beseitigung der jüdischen Sonderrechte verstanden – die Juden sollten sich übrigens durch ihre Kleidung von den Christen unterscheiden.

Jerzy Strzelczyk

WICHTIGE LITERATUR ZUM THEMA (chronologisch geordnet):

– E. Schmidt, Geschichte des Deutschtums im Lande Posen unter polnischer Herrschaft, Bromberg 1904;
– R. Kaindl, Geschichte der Deutschen in den Karpathenländern, Bd.I-III, Gotha 1906-1911;
– O. Balzer, Niemcy w Polsce, in: Kwartalnik Historyczny 25 (1911), S. 429-454;
– K. Bartels, Deutsche Krieger in polnischen Diensten von Misika I. bis Kasimir d.Gr., ca. 963-1370, Berlin 1922 (Rezension: M.Mazankówna, in: Kwartalnik Historyczny 39 <1925>, S. 98-109);
– T. Tyc, Niemcy w świetle poglądów Polski piastowskiej, in: Strażnica Zachodnia (1925), Nr. 7-12, S. 1-23 (Nachdruck in: T. Tyc, Walka o kresy zachodnie, Warszawa 1948, S. 15-37);
– Ders., Z średniowiecznych dziejów Wielkopolski i Pomorza, Poznań 1997, S. 279-301;
– K. Lück, Deutsche Aufbaukräfte in der Entwicklung Polens, Plauen i.V. 1934;
– K. Tymieniecki, Napływ Niemców na ziemie polskie i znaczenie prawa niemieckiego w średnich wiekach w Polsce, in: Roczniki Historyczne 10 (1934), S. 226-244;
– Ders., Niemcy w Polsce, in: ebd. 12 (1936), S. 198-276;
– Ders., Polszczenie się Niemców w miastach wielkopolskich w XV w., in: ebd. 14 (1938), Nr. 1, S. 66-100;
– E. Maschke, Das mittelalterliche Deutschtum in Polen, in: Deutsche Ostforschung. Ergebnisse und Aufgaben seit dem ersten Weltkrieg, Bd. I, Leipzig 1942, S. 486-515;
– M. Friedberg, Kultura polska a niemiecka, Bd. I-II, Poznań 1946;
– R. Grodecki, Powstanie polskiej świadomości narodowej, Katowice 1946;
– J. Baszkiewicz, Powstanie zjednoczonego państwa polskiego na przełomie XIII i XIV w., Warszawa 1954;
– P. Görlich, Zur Frage des Nationalbewußtseins in ostdeutschen Quellen des 12. bis 14.Jh., Marburg/L. 1964;

Deutsche in Polen im Mittelalter

– A. F. Grabski, Polska w opiniach obcych X-XIII w., Warszawa 1968;
– W. Kuhn, Die deutschrechtlichen Städte in Schlesien und Polen in der ersten Hälfte des 13.Jahrhunderts, Marburg/L. 1968;
– R. Heck, Świadomość narodowa i państwowa w Czechach i w Polsce w XV w., in: Pamiętnik X Powszechnego Zjazdu Historyków Polskich w Lublinie, Bd. I, Warszawa 1968, S.126-151;
– Ders., Uwagi o rozwoju polskiej i czeskiej świadomości narodowej w średniowieczu, in: Studia nad rozwojem narodowym Polaków, Czechów i Słowaków, Wrocław 1976, S. 5-24;
– B. Zientara, Nationality conflicts in the German-Slavic borderland in the 13th-14th centuries and their social scope, in: Acta Poloniae Historica 22 (1970), S. 207-225;
– Ders., Die deutschen Einwanderer in Polen vom 12. bis zum 14.Jh., in: Die deutsche Ostsiedlung des Mittelalters als Problem der europäischen Geschichte, hrsg. v. W. Schlesinger, Sigmaringen 1975, S. 333-348;
– Ders., Cudzoziemcy w Polsce X-XV w., in: Swojskość i cudzoziemszczyzna w dziejach kultury polskiej, Warszawa 1973, S. 9-37;
– Ders., Foreigners in Poland in the 10th-15th centuries, their role in the opinion of Polish medieval community, in: Acta Poloniae Historica 29 (1974), S. 5-28;
– J. Kłoczowski, Polacy i cudzoziemcy w XV w., in: Swojskość i cudzoziemszczyzna..., S. 38-67;
– G. Labuda, Geneza przysłowia „Jak świat światem, nie będzie Niemiec Polakowi bratem", in: Zeszyty Naukowe Uniwersytetu im. Adama Mickiewicza w Poznaniu. Historia 8, 1968, S. 17-31 (Nachdruck in: ders., Polsko-niemieckie rozmowy o przeszłości, Poznań 1996, S. 98-111 [mit Nachwort]);
– Z. Kaczmarczyk, O miastach na prawie niemieckim w Polsce, in: Roczniki Historyczne 37 (1971), S. 117-122;
– W. Maas, Mittelalterliche deutschrechtliche Orte des Posener Landes und der östlichen Nachbargebiete, in: Zeitschrift für Ostforschung 23 (1974), S. 59-113;

– F. Graus, Die Nationenbildung der Westslawen im Mittelalter, Sigmaringen 1980;
– J. Krzyżaniakowa, Pojęcie narodu w „Rocznikach" Jana Długosza, in: Sztuka i ideologia XV w., Warszawa 1978, S. 135-153;
– K. Militzer, Kölner Bürgersöhne im Zisterzienserorden. Die soziale Zusammensetzung rheinischer und polnischer Zisterzienserkonvente, Historisches Jahrbuch 99 (1979), S. 161-195;
– S. Gawlas, Świadomość narodowa Jana Długosza, in: Studia Źródłoznawcze 27 (1983), S. 3-66;
– K. Jasiński, Polsko-niemieckie powiązania dynastyczne w średniowieczu ze szczególnym uwzględnieniem małżeństw córek Siemowita IV, Cymbarki i Amelii, in: Niemcy-Polska w średniowieczu, hrsg. v. J. Strzelczyk, Poznań 1986, S. 283-301 (Nachdruck in ders., Prace wybrane z nauk pomocniczych historii, Toruń 1996, S. 257-276);
– M. Cetwiński, Polak Albert i Niemiec Mroczko. Zarys przemian etnicznych i kulturalnych rycerstwa śląskiego do połowy XIV w., in: ebd., S. 157-169;
– Ders., Rycerstwo śląskie do końca XIII w. Pochodzenie – gospodarka – polityka, Wrocław 1980;
– Ders., Rycerstwo śląskie do końca XIII w. Biogramy i rodowody, Wrocław 1982;
– Ders., Pochodzenie etniczne i więzy krwi rycerstwa śląskiego, in: Społeczeństwo Polski średniowiecznej, [Bd.] I, Warszawa 1981, S. 40-85;
– U. Borkowska, Treści ideowe w dziełach Jana Długosza. Kościół i świat poza Kościołem, Lublin 1983;
– S. Gawlas, Stan badań nad polską świadomością narodową w średniowieczu, in: Państwo, naród, stany w świadomości wieków średnich, Warszawa 1990, S. 149-194;
– L. Grajkowska, Polonizacja klasztoru cystersów w Wągrowcu, in: Cystersi w kulturze średniowiecznej Europy, hrsg. v. J. Strzelczyk, Poznań 1992, S. 111-125;
– J. Strzelczyk, Die Wahrnehmung des Fremden im mittelalterlichen Polen, in: Die Begegnung des Westens mit dem Osten, hrsg. v. O. Engels, P. Schreiner, Sigmaringen 1993, S. 203-220;

Deutsche in Polen im Mittelalter

– N. Kersken, Geschichtsschreibung im Europa der „nationes". Nationalgeschichtliche Gesamtdarstellungen im Mittelalter, Köln-Weimar-Wien 1995;

– T. Jurek, Obce rycerstwo na Śląsku do połowy XIV w., Poznań 1996;

– Ders., Fremde Ritter im mittelalterlichen Polen, in: Quaestiones Medii Aevi Novae 3 (1998), S. 19-49;

– D. Molenda, Die Beteiligung fremder Fachleute im Erzbergbau im mittelalterlichen Polen, in: ebd., S. 177-204;

– Ch. Lübke, Fremde im östlichen Europa. Von Gesellschaften ohne Staat zu verstaatlichen Gesellschaften (9.-11.Jh.), Köln-Weimar-Wien 2001;

– U. Schmilewski, Der schlesische Adel bis zum Ende des 13. Jahrhunderts. Herkunft, Zusammensetzung und politisch-gesellschaftliche Rolle, Würzburg 2001;

– Deutsche Ostforschung und polnische Westforschung im Spannungsfeld von Wissenschaft und Politik. Disziplinen im Vergleich, hrsg. v. J.M. Piskorski in Verbindung mit J. Hackmann und R. Jaworski, Osnabrück-Poznań 2002;

– Historiographical approach to medieval colonization of East Central Europe. A comparative analysis against the backgrund of other European inter-ethnic colonization processes in the middle ages, ed. J. M. Piskorski, Boulder (USA) 2002;

– Das Reich und Polen. Parallelen, Interaktionen und Formen der Akkulturation im hohen und späten Mittelalter, Unter Mitwirkung v. A. Patschovsky hrsg. v. Th. Wünsch, Ostfildern 2003;

– Ch. Lübke, Das östliche Europa, München 2004;

– Niedersachsen – Niederschlesien. Der Weg beider in die Geschichte, hrsg. v. W. Mrozowicz, L. Zygner, Göttingen-Breslau 2005;

– H.-J. Bömelburg, Frühneuzeitliche Nationen im östlichen Europa. Das polnische Geschichtsdenken und die Reichweite einer humanistischen Nationalgeschichte (1500-1700), Wiesbaden 2006.

Severin Gawlitta

GRENZEN DER ALTERITÄT UND IDENTITÄTSFINDUNG AM BEISPIEL DEUTSCHER KOLONISTEN IM KÖNIGREICH POLEN 1815–1915

Die Untersuchung von Wahrnehmungen der deutschen Kolonisten in Russisch-Polen durch Außenstehende sowie die Erforschung der daraus resultierenden Folgen für die Entstehung eines kollektiven Selbstverständnisses der Ansiedler stellen die Historiker vor grundlegende Schwierigkeiten.[1] Zunächst tritt das Problem der zeitlichen Vertikalität auf; die allgemeine Vorstellung einer Mehrheitsgesellschaft von einer bestimmten ethnisch-konfessionellen Minorität unterliegt temporären Veränderungen und bestreitet einen ständigen Wandlungsprozess. Es bedarf keiner eingehenden Erläuterung, um festzustellen, dass die Wahrnehmung von Minderheiten um 1900 eine gänzlich andere sein konnte als noch etwa 100 Jahre zuvor. Die Modernisierungsprozesse in den europäischen Staaten im 19. und 20. Jahrhundert, die sich vor allem in Form von Industrialisierung, Säkularisierung und Nationsbildung vollzogen, stellten einen epochalen gesellschaftlichen Wandel dar. Der traditionelle ständische Rahmen mit seinen Strukturen wurde immer mehr aufgegeben, neue kollektive Formationen begannen die alte Ordnung zu ersetzen. Zeitgleich bildeten zunehmend die Nation und der Nationalstaat für immer mehr gesellschaftliche Akteure den primären politischen Be-

---

[1] Unter dem Begriffspaar „deutsche Kolonisten" werden Ansiedler aus deutschen Staaten bezeichnet, die sich seit den 80er Jahren des 18. Jahrhunderts in der Adelsrepublik auf dem späteren Gebiet Kongresspolens als Landwirte niederließen. Dabei handelte es sich nicht um Deutsche im nationalen Sinne. In den Quellen ist ausschließlich von Untertanen deutscher Staaten oder von Ausländern die Rede, die sich in erster Linie als preußische, sächsische, hessische oder württembergische Untertanen verstanden. Im Falle der preußischen Kolonisten muss zudem angenommen werden, dass es unter ihnen auch manchen Ansiedler nichtdeutscher Herkunft gab, wie z. B. Polen oder Masuren. Einer Erläuterung bedarf auch der Terminus Kolonist. Darunter verstanden die Zeitgenossen nicht nur ausländische Siedler, sondern grundsätzlich alle Bauern, deren Stellen auf grundherrschaftlichen Gütern von der Fron- auf die Zinswirtschaft umgestellt worden waren. Diesen Vorgang bezeichnete man als „Kolonizacja" und die betroffenen Bauern als Kolonisten. Naben den ‚deutschen' gab es auch polnische, jüdische und russische Kolonisten. Die Bezeichnung „deutscher Kolonist" soll hier als *terminus technicus* verwendet werden, um eine Unterscheidung von den einheimischen Kolonisten zu gewährleisten. Adam Krzyżanowski, Die Landwirtschaft, in: Das Königreich Polen vor dem Kriege (1815-1914), hrsg. v. Ludwig Cwikliński, Wien; Leipzig 1917, S. 109–125, hier S. 111.

zug. Diese Entwicklung rückt die Frage nach der Wahrnehmung von ethnisch-konfessionellen Minoritäten – in unserem Fall der deutschen Kolonisten im Königreich Polen – vor den Hintergrund der gesellschaftlichen Horizontalität. So konnte ein polnischer Grundherr eine andere Vorstellung und Einstellung zu ausländischen Kolonisten aufweisen als z. B. der einheimische landlose Bauer. Ähnliches kann für den katholischen Geistlichen auf der einen und für einen Staatsbeamten oder Warschauer Intellektuellen auf der anderen Seite postuliert werden. Die Vielzahl der Wahrnehmungen weist jedoch eine gewisse Schnittmenge auf, die sich immer mehr zu einer allgemeinen Vorstellung entwickelt und verfestigt. Letztere wird dann einer dritten Gruppierung als „ihre Identität" zugedacht. Im Folgenden werden daher zunächst die Gemeinsamkeiten in der Wahrnehmung der deutschen Kolonisten unter den einflussreichsten gesellschaftlichen Akteuren herausgearbeitet, um anschließend zu fragen, ob und/oder inwiefern das konstruierte Bild und die zugeschriebene Identität zur Entstehung eines kollektiven Bewusstseins der deutschen Kolonisten im Königreich Polen beitrugen.

Die Grundherren

Für die Zeit vor der Landreform kann das Verhältnis zwischen den deutschen Kolonisten und den fast ausschließlich adligen polnischen Gutsbesitzern, von wenigen Ausnahmen abgesehen, als sehr gut bezeichnet werden. Manche Forscher aus der Zwischenkriegszeit beschrieben es als „echt menschlich" oder sogar als „herzlich".[2] Hierfür waren hauptursächlich die Ansiedlungsverträge verantwortlich, die für beide Parteien, die deutschen Kolonisten und die Grundherren, die Rechte und die Pflichten bestimmten und auf diese Weise eine tragfähige Grundlage für das gegenseitige Verhältnis schufen. Etwaige Klagen und Missverständnisse zwischen den Grundherren und den Einwanderern kamen äußerst selten vor, was auf eine verbreitete Einhaltung der Kontrakte durch die Vertragsunterzeichner

---

[2] Albert Breyer, Zwei Jahrzehnte deutscher Tuchmachereinwanderung nach Mittelpolen (1800-1820), in: Deutsche Monatshefte in Polen 4 (1937/38), S. 500–536, hier S. 516; Kurt Lück, Die deutschen Siedlungen im Cholmer und Lubliner Lande, Plauen/Vogtland 1933, S. 65.

hindeutet. Zudem beinhaltete der Umgang der Gutsbesitzer mit den ausländischen Ansiedlern einen starken werbenden und auf dauerhafte Bindung gerichteten Aspekt. Durch ein hilfsbereites Entgegenkommen gegenüber den Kolonisten in den ersten Jahren nach ihrer Niederlassung versuchten die Grundherren, die Ansiedler an ihre Stellen zu binden und damit auf weitere ausländische ansiedlungswillige Landwirte werbend einzuwirken. Dies äußerte sich insbesondere in der Unterstützung der Siedler beim Aufbau ihrer Wirtschaften, z. B. durch kostenlose Bereitstellung von Holz- und Baumaterialien, wie auch bei der Regelung ihrer Seelsorge durch die Ausstattung des Kantors mit ‚Schulland'; und in manchen Fällen sogar in Form von finanziellen Zahlungen an evangelische Prediger. Von einigen Gutsherren ist bekannt, dass sie bereits bei der Aufnahme der Ansiedler einen positiven Eindruck erwecken wollten, mit der Absicht, dadurch die in der Heimat verbliebenen Verwandten der Kolonisten zur Auswanderung und Niederlassung auf ihren Gütern zu beeinflussen. So sollten z. B. die Einwanderer auf den Zamojskischen Gütern nach ihrer Ankunft gastfreundlich begrüßt werden. „Auch wenn dies einige Kosten für die [grundherrschaftliche] Kasse verursacht, so wird es großen Einfluss auf ihre Meinungsbildung haben – und Berichte darüber an ihre Landsleute werden weiter und zahlreicher die Einwanderung von Kolonisten fördern."[3] Es waren letztlich gegenseitige materielle Vorteile, die zu einem freundlichen Umgang zwischen den Gutsbesitzern und den deutschen Kolonisten geführt haben.

Eine Veränderung der Einstellung der Grundherren gegenüber den deutschen Landwirten und der gesamten Kolonisation stellte sich in den Jahrzehnten nach 1864 ein. Die deutschen Kolonisten, auf die 1866 die Bestimmungen der kongresspolnischen Landreform ausgedehnt worden waren, wurden auf Kosten der Gutsbesitzer Eigentümer ihrer bisherigen auf Zins gepachteten Stellen. Wie die gesamte Landreform, so konnte auch diese Entscheidung der russischen Teilungsmacht kein Verständnis und keine Zustimmung der

---

[3] Archiwum Państwowe (im Folgenden: AP) Lublin, Archiwum Ordynacji Zamojskiej (AOZ), 7836, Schreiben von (unleserlich) an den Verwalter der Zamojskischen Güter Zieliński vom 10. Mai 1842, o. S.

Grundherren finden. Sie empfanden diese politisch motivierte Maßnahme als ungerecht, insbesondere diejenigen Gutsbesitzer, die noch unmittelbar vor der Reform Kolonisten auf ihren Ländereien angesiedelt hatten.[4] Das bisherige Verhältnis veränderte sich dahingehend, dass nach 1866 die Ansiedlungskontrakte als gemeinsame Geschäftsbasis obsolet wurden und wegfielen. Eine direkte (Geschäfts)Beziehung bestand nur noch dort, wo die Kolonisten auf der Grundlage von Pachtverträgen mit dem Landbesitzer in Verbindung traten. In solchen Fällen häuften sich aber zunehmend die Unstimmigkeiten, vor allem infolge von Pachtzinserhöhungen.[5]

Gleichzeitig begann ein Teil der polnischen Grundherren die deutschen Kolonisten verstärkt als politische Gefahr wahrzunehmen und gegen diese zu opponieren. Politische Befürchtungen bezüglich der deutschen Einwanderung wurden bereits in den 1840er Jahren von einigen Gutsbesitzern geäußert. Neben dem materiellen Gewinn und dem Nutzen, die dem Land durch die Kolonisten zuteil werde, verwies der *Rocznik Gospodarstwa Krajowego* [Jahrbuch für einheimische Wirtschaft], eine Zeitschrift von Gutsbesitzern für Gutsbesitzer, 1842 auf Gefahren, die mit der deutschen Siedlung einhergingen. Das Blatt unterstellte den deutschen Staaten ein gezieltes Bestreben, „die deutschen Auswanderer, deren Zahl unaufhörlich wächst, systematisch zu organisieren und aus ihnen, nach englischem Muster, Überseekolonien (*sic!*) zu bilden, die ständig mit dem Mutterland in Verbindung stehen" würden.[6] Noch vor der Landreform intensivierten und konkretisierten sich die Vorwürfe gegenüber den deutschen Kolonisten:

„Wir hegen in uns keine Gedanken von Nationalhass, unvereinbar mit dem Geist des heutigen Verständnisses von Zivilisation und der religiösen Gebote, aber wir können nicht gleichgültig dem Eindringen des Germanismus zusehen, der sich

---

[4] Wiesław Śladkowski, Kolonizacja niemiecka w południowo-wschodniej części Królestwa Polskiego 1815 – 1915 [Die deutsche Kolonisation im südöstlichen Teil des Königreichs Polen], Lublin 1969, S. 104.
[5] Chronik der ev.–luth. Gemeinde Kamień-Chełm, zitiert nach Lück, Deutsche Siedlungen (wie Anm. 2), S. 58f.
[6] Rocznik Gospodarstwa Krajowego [R G K] 1 (1842), S. XXXI.

die Idee erarbeitet hat, dass für die deutschen Interessen die Rechte aller anderer Völker geopfert werden sollen, dass die Deutschen die Mission haben, im Slawentum die Zivilisation zu verbreiten, und der Drang nach Osten [hervorgehoben im Original – S. G.] für sie eine Notwendigkeit ist."[7]

Nach der Niederschlagung des Januaraufstandes 1864 und der darauf folgenden gesellschaftlichen Aufklärungstätigkeit der so genannten „organischen Arbeit" engagierte sich eine Reihe von Gutsbesitzern auf Seiten der Positivisten für eine bessere Bildung der Bevölkerung und die Erziehung zum nationalem Denken, insbesondere innerhalb der polnischen Bauernschaft. Auf diese Weise sollte die Kluft zwischen der bäuerlichen Bevölkerung und den Grundherren, die während der Aufstände 1831 und 1863 sichtbar geworden war und sich durch die Landreform noch mehr verfestigt hatte, überwunden werden. Auf Initiative oder mit Unterstützung der Gutsherren entstanden in der Folgezeit Bauernzirkel sowie regionale landwirtschaftliche Messen. Vor allem aber ging die Schaffung der landwirtschaftlichen Genossenschaften vielfach auf das Engagement der Großgrundbesitzer zurück, die sie zusammen mit wohlhabenden Bauern gründeten.[8] Zudem achteten sie zunehmend darauf, dass beim Verkauf und der Parzellierung ihrer Ländereien die einheimischen Bauern den Vorzug erhielten. Gezielt versuchten sie, die deutschen Kolonisten am Landerwerb zu hindern. So bildeten die polnischen Gutsbesitzer 1909 in den Kreisen Lipno und Rypin einen Ausschuss, der es sich zur Aufgabe machte, deutsche Siedler zur Parzellierung von polnischen Gütern nicht zuzulassen. 1910 traten dem Ausschuss auch Gutsbesitzer aus den benachbarten Landkreisen Sierpc und Mława bei.[9] Darüber hinaus erhielten die deutschen Kolo-

---

[7] R G K. 49 (1862), Nr. 4, S. 178. – Hierzu auch R G K 41 (1860), Nr. 2, S. 320. – R G K 49 (1862), Nr. 4, S. 340-348. – Siehe auch Śladkowski, Kolonizacja niemiecka (wie Anm. 4), S. 240.
[8] Archiwum Główne Akt Dawnych (Im Folgenden: AGAD), Kancelaria Generalgubernatora Warszawskiego (KGGW), 6473, Jahresbericht des Płocker Gouverneurs für 1908, Bl. 13.
[9] Gazeta Świąteczna Nr. 1423 vom 10. Mai 1908. – Alexander Treichel, Geschichte des Deutschtums von Rippin und Umgegend, 3. verbesserte, ergänzte Auflage, o. O. [1963], S. 50.

nisten von der Bauernbank, mittels derer die Grundherren ihre Güter verkauften, keine Kredite.[10]

Die Frage nach den Motiven für das Verhalten der polnischen Gutsbesitzer gegenüber den deutschen Kolonisten lässt als Antwort folgende Annahmen zu. Zum einen erscheint die Hinderung und Benachteiligung der Deutschen beim Landerwerb als eine Reaktion der Großgrundeigentümer auf Darstellungen in der polnischen Presse und Publizistik. Dort wurden die Grundherren als gewissenlose Ignoranten gegenüber den Not leidenden polnischen Bauern angeprangert, die ihren Besitz an jüdische Spekulanten oder an deutsche Kolonisten veräußern und damit einen „Verrat" an der Nation begehen würden. Die Zeitung *Echa Płockie i Łomżyńskie* titelte: „Hakata im Landkreis Rypin" und führten weiter aus: „Die polnischen Grundherren verkaufen ganze Dörfer an die deutschen Bauern. Sie verraten die Arbeit ihrer polnischen Vorfahren und überlassen polnische Erde den Kreuzrittern."[11] Die gesellschaftliche Arbeit zugunsten der polnischen Bauernschaft konnte so dem negativen Bild der Gutsbesitzer entgegenwirken und die nationale Eintracht zwischen der ländlichen Bevölkerung und den gehobenen Schichten erfahrbar machen. Zum anderen deutet einiges darauf hin, dass es sich hierbei auch um eine „Strategie des Obenbleibens" handelte, wie sie seitens der Adelsforschung eingeführt worden ist. Nach der politischen Entrechtung der polnischen *Szlachta* im Zuge der Teilungen und weiteren Demütigungen, insbesondere nach dem Januaraufstand durch Besitzkonfiskation oder Verbannung nach Sibirien, bemühte sich der polnische Adel durch gesellschaftliches Engagement seine gehobene und führende Stellung zu bewahren und so die politischen Rückschläge zu kompensieren. Der grundherrschaftliche polnische Adel stellte sich damit außerhalb des bisherigen *Szlachta*-Verständnisses und setzte sich für die Aufklärung und Erziehung des Volkes ein, und trug damit zur

---

[10] Zwiastun Ewangeliczny 9 (1906), Nr. 7, S. 217.
[11] Echa Płockie i Łomżyńskie Nr. 8 vom 27./15. April 1898. – Artikel ähnlichen Inhalts in Gazeta Świąteczna Nr. 1408 vom 26. Jan. 1908; Nr. 1423 vom 10. Mai 1908; Nr. 1456 vom 27. Dez. 1908. – Gazeta Kielecka Nr. 19 vom 22. Febr. 1904. – Verwiesen sei auch auf die Romane ‚Placówka' [Vorposten] von Bolesław Prus und Władysław Reymonts ‚Chłopi' [Bauern].

Deutsche Kolonisten im Königreich Polen

Bildung einer nationalpolnischen Identität innerhalb der Landbevölkerung bei.[12]

Die evangelischen Deutschen und die katholische Kirche

Die Kontakte zwischen den evangelischen Deutschen in den Dörfern und Kolonien und der katholischen Geistlichkeit beschränkten sich ausschließlich auf standesrechtliche Amthandlungen. Die weiten Entfernungen zum Pastorat veranlassten die deutschen Kolonisten zur Inanspruchnahme von Diensten in der Nähe amtierender katholischer Pfarrer. Vor dem Hintergrund hoher Kindersterblichkeit insbesondere in der ersten Hälfte des 19. Jahrhunderts kam dabei der Taufe eine besondere Bedeutung zu. Mancherorts wurden auch Trauungen in der katholischen Kirche vollzogen.

In hohem Grade hing das Verhältnis zwischen den Lutheranern und Katholiken von der Einstellung katholischer Geistlicher gegenüber den evangelischen Deutschen vor Ort ab. Es gestaltete sich nicht immer spannungsfrei, worauf eine Reihe von Beschwerden über Herablassungen von katholischen Amtsträgern bezüglich der protestantischen Konfession hinweisen.[13] So beklagten sich die Mitglieder des lutherischen Kirchenkollegiums in Łomża über den dortigen katholischen Pfarrer, der sie als „Lügner" und „Ungläubige" bezeichnete und ihnen unterstellte, „sie seien keine Christen", sondern „Wölfe unter Schafen".[14] Insbesondere in den Städten, wo Kontakte zwischen Katholiken und Evangelischen alltäglich waren, stiftete das Verhalten mancher Priester Unruhe. Es kam vor, dass katholische Geistliche damit drohten, Kirchenmitglieder von der Beichte auszuschließen, falls diese an der Beisetzung ihres evangelischen Bekannten oder Freundes teilnehmen würden. Dies führte

---

[12] Michael G. Müller, „Landbürger". Elitekonzepte im polnischen Adel im 19. Jahrhundert, in: Adel und Moderne. Deutschland im europäischen Vergleich im 19. und. 20. Jahrhundert, hrsg. v. Eckart Conze und Monika Wienfort, Köln/Wien 2004, S. 87–105, hier S. 99 f.

[13] AGAD, Centralne Władze Wyznaniowe (CWW), 1105, Das ganze Aktenbündel enthält Klagen von Protestanten über Kränkungen katholischer Geistlicher bezüglich ihrer Konfession, die vom evangelischen Konsistorium an die Regierungskommission des Innern und der Geistlichen Angelegenheiten weitergeleitet wurden.

[14] AGAD, CWW, 1105, Schreiben des evangelischen Kirchenkollegiums der Gemeinde Łomża an das Generalkonsistorium, vom 5./17. Nov. 1843, S. 260.

dazu, dass sich „zwischen dem Volk beider Bekenntnisse großer Unmut und Hass verbreitet" und man „in öffentlichen Häusern mit größter Bitterkeit über die Religionsgegensätze sich äußern" höre.[15] Auch an politischen Motiven für eine Verunglimpfung fehlte es nicht. Pastor Rosenthal aus Sierpc beklagte:

„Die höchstwahrscheinlich vom [katholischen] Priester verbreiteten, nach den Prinzipien des Fanatismus modifizierten Nachrichten von den in der neuesten Zeit in Preußen vorgefallenen Religionsmissverständnissen wurden uns zum Vorwurf gemacht, dass auch der König von Preußen, so spricht man, ‚die Katholiken verfolge, die Geistlichen verbanne, die Eltern gemischter Ehen zwinge ihre Kinder evangelisch werden zu lassen', und schon rät man uns, das katholische Land zu verlassen und über die Grenze zu gehen."[16]

Die Beschwerden gegen die katholischen Pfarrer waren keine Einzelfälle. Die staatlichen Behörden sahen sich vor diesem Hintergrund veranlasst, solchen Vorkommnissen vorzubeugen. Am 2./14. Juni 1845 wies der Statthalter die Bischöfe an, die katholische Geistlichkeit zu ermahnen, solche „Vorfälle in Zukunft zu unterbinden".[17]

In der zweiten Hälfte des 19. Jahrhunderts bildeten evangelisch-katholische Mischehen ein zunehmendes Konfliktpotenzial zwischen den Kirchenführungen. Die katholischen Geistlichen hielten vom Pastor vollzogene Trauungen von Mischpaaren für ein Konkubinat.[18] Sie versuchten vor allem die staatliche Bestimmung zu umgehen, wonach Töchter aus Mischehen die Konfession der Mutter und die Söhne die des Vaters anzunehmen haben.[19] Die evangelische Kirche empfand diese Praxis als ein aggressives Vorgehen und suchte nach geeigneten Gegenmaßnahmen:

---

[15] AGAD, CWW, 1105, Beschwerde Pastors Gottlieb Rosenthal aus Sierpc an den Superintendanten der Płocker Diözese vom 13./25. Juli 1839, S. 121.
[16] Ebd., S. 121f.
[17] AGAD, CWW, 1105, S. 386.
[18] Tadeusz Stegner, Polacy Ewangelicy w Królestwie Polskim [Evangelische Polen im Königreich Polen], Gdańsk 1992, S. 25.
[19] Eduard Kneifel, Geschichte der Evangelisch–Augsburgischen Kirche in Polen, Niedermarschacht 1962, S.126.

Deutsche Kolonisten im Königreich Polen

„Das hochgesteigerte Selbstbewusstsein der römischen Kirche, ihre Feindseligkeiten gegen die Kirchen des reinen Gotteswortes und ihre fanatische Propaganda machen sich nunmehr in noch weit höherem Maße friedensstörend und unheilstiftend geltend. Die gegenwärtigen Verhältnisse sind deshalb im hohen Maße dazu angetan, die gesamte evangelische Kirche zur Wachsamkeit und zum Selbstschutze aufzurufen, am meisten aber dort, wo die evangelischen Christen, inmitten einer fanatischen katholischen Bevölkerung lebend, sich schon immer gegen die gefahrenbringende römische Propaganda zu wehren hatten. Ein aggressives Vorgehen gegen ihre Feinde liegt weder im Geiste der evangelischen Kirche noch im Bereich ihrer Machtsphäre, es handelt sich vielmehr um ein richtiges, defensives Verhalten auf dem Gebiet der einzelnen praktischen Fragen, auf welchen allen römischen Angriffen und Übergriffen energisch entgegenzutreten ist. Die größten Gefahren drohen der evangelischen Kirche immer auf dem Gebiet der konfessionellen Mischehen. Hier dringt Rom am tiefsten in ihr heiliges Land, richtet Verheerungen darin an und sucht es an sich zu reißen."[20]

Die Warschauer Pastorensynode von 1889 beschloss deshalb folgende Strategie: Konsequentes Bestehen auf dem Ehegesetz, das heißt dass evangelische Bräute in einer evangelischen Kirche getraut werden. Aufklärung in den Gemeinden über die Praktiken der katholischen Kirche und Zuchtverfahren für jene Evangelischen, die sich daran nicht halten, zum Beispiel durch Verweigerung des Abendmahls.[21]

Für die deutschen Kolonisten hatten die Spannungen zwischen den Geistlichen beider Konfessionen jedoch kaum Auswirkung auf die Einstellung zu ihrer polnischen Nachbarschaft. Das Verhältnis der katholischen und evangelischen Gläubigen als solches war um einiges entspannter, was vor allem darauf zurückzuführen war, dass die Konflikte in den Gemeindenzentren nicht auf die Kolonisten an

---

[20] Protokoll der X. Allgemeinen Prediger-Synode des Warschauer ev.–augsb. Konsistorialbezirks 1889, Warschau 1890, S. 14.
[21] Ebd. S. 18f.

der Peripherie des Kirchspiels ausstrahlten. Zudem waren die Kontakte zwischen Evangelischen und Katholiken auf dem Lande selten, so dass die „Auslassungen von der Kanzel" dort kaum Wirkung erzielten.[22] Dennoch konnte sich manches feindselige und kränkende Vorurteil über die Evangelischen innerhalb der polnischen Bauernschaft festsetzen.[23] Zum Ausgang des 19. Jahrhunderts verstärkte jedoch die zunehmende „Nationalisierung" der Öffentlichkeit und die damit einhergehende Entstehung nationaler Antagonismen zwischen Deutschen und Polen die konfessionellen Gegensätze, was manchen Kolonisten aus Russisch-Polen ins Deutsche Reich oder nach Übersee auszuwandern veranlasste.[24]

> *„Wir leben in einer Zeit des unbändigen Nationalismus und religiösen Fanatismus. Was nicht polnisch und zudem nicht katholisch ist, ist böse. In den Vorwerken mussten die Menschen verbergen, dass sie Evangelische sind, damit sie der Verfolgung entgingen. Man hatte ihnen vorgehalten, sie seien ‚Luthers' [polnisch: Lutry] und ‚Husiten' und noch schlimmer. Sie sahen keine Zukunft, erst recht nicht die ärmeren. Aber auch aus einigen Kolonien, wo die Evangelischen geschlossen wohnen, wandern vermögendere ins Ausland aus."*[25]

Deutsche Kolonisten in der polnischen Öffentlichkeit

In den letzten zwei Jahrzehnten des 19. Jahrhunderts wurde die kongresspolnische Presse und Publizistik bei ihrer Berichterstattung über die deutschen Kolonisten fast ausschließlich von den Ereignissen in der Provinz Posen bestimmt und beeinflusst. Die Ausweisungen von Polen und polnischen Juden (1885) sowie die Tätigkeit der preußi-

---

[22] Kneifel, Geschichte (wie Anm. 19), S. 144.
[23] Tadeusz Stegner, Ewangelicy i katolicy na ziemiach polskich w XIX wieku. Spotkanie religii, narodów, kultur [Protestanten und Katholiken in polnischen Landen im 19. Jahrhundert. Zusammentreffen von Religionen, Völkern, Kulturen], in: Między Odrą a Dnieprem. Wyznania i Narody [Zwischen Oder und Dnjepr. Konfessionen und Völker], hrsg. von dems., Gdańsk 1997, S. 23-36, hier S. 25.
[24] Chronik der ev. Gemeinde Lublin [Mikrofilm der Bibliothek des DHI Warschau], Bd. I, S. 51 und 61.
[25] Ebenda, S. 63.

schen Ansiedlungskommission (1886), machten den deutsch-polnischen Gegensatz zum dauerhaften Politikum und zum Gegenstand der öffentlichen Meinung. Kolonisation wurde immer mehr als ein Instrument antipolnischer Politik wahrgenommen und verstärkt auf Kongresspolen projiziert.

„Nicht wenigen bricht das Herz, wenn man von Verfolgungen unserer Brüder im preußischen Teilungsgebiet liest; aber denken auch viele daran, dass bereits hier [in Kongresspolen], unter uns, massig Deutsche sitzen und unseren Ackerboden bestellen und ihre Sprache in letztlich unseren Häusern verbreiten? [...] Schuld daran sind unsere Brüder, die Fremden aus aller Welt das Land ihrer Vorfahren verkaufen. [...] Vergessen wir nicht, was die Deutschen mit unseren Brüdern unter preußischer Herrschaft anstellen; geradezu verbrecherisch, mit aller Macht und Gewalt verdrängen sie sie von ihrem urväterlichen Land! Sollen wir hier dasselbe Land freiwillig in ihre Hände übergegeben?"[26]

Eine 1876 erschienene Monographie des polnischen Journalisten und Publizisten Jan Jeleński unter dem Titel *Żydzi, Niemcy i my* [Juden, Deutsche und wir], bezog ebenfalls Stellung zur deutschen Kolonisation.[27] Ausgehend von der Germanisierungsaktion im preußischen Teilungsgebiet, vertrat der (wegen seiner antideutschen Haltung) bekannte Autor darin die Ansicht, dass es eine „deutsche Gefahr" ebenfalls in Russisch-Polen gäbe. Sie sei dort besonders gefährlich, weil die Deutschen dort geschlossen siedeln und sich nicht assimilieren würden.[28] Obwohl er den positiven wirtschaftlichen Beitrag der Kolonisten anerkannte, forderte Jeliński aus politischen und nationalen Gründen einen entschiedenen Kampf gegen die „deutsche Bedrohung". Konkret rief er dazu auf, den Deutschen kein Land zu verkaufen, weil es sich hierbei um „unsere Existenzfrage" handle. Besonders die polnischen Grundherren sollten darauf achten, dass sie

---

[26] Gazeta Świąteczna Nr. 1408 vom 26. Jan. 1908.
[27] Jan Jeleński, Żydzi, Niemcy i my [Juden, Deutsche und wir], Warszawa 1876. Hier zitiert aus der vierten Auflage von 1880. Dazu auch Śladkowski, Kolonizacja niemiecka (wie Anm. 4), S. 243. – Lück, Deutsche Siedlungen (wie Anm. 2), S. 73f.
[28] Jeleński (wie Anm. 27), S. 136.

im Falle der Güterparzellierung, die Grundstücke an polnische Bauern veräußerten.[29] Für einen Kampf gegen die „Germanisierung des slawischen Bodens" sprach sich 1881 Stanisław Bończa-Protaszewicz aus.[30] Inhaltlich unterschied er sich dabei kaum von Jeleński, und forderte genauso wie dieser Boykottmaßnahmen gegen deutsche Kolonisten.[31] Wie schwerwiegend die preußische Polenpolitik auf die Betrachtung der Kolonisten im Königreich einwirkte, lässt sich an Bolesław Prus beispielhaft verdeutlichen. Noch 1879 nahm er eine neutrale Haltung gegenüber den Deutschen ein. Doch bereits ein Jahr später urteilte er über die deutschen Ansiedler im Königreich Polen kritisch. Beunruhigt beobachtete er Landkäufe der Kolonisten und verwies auf die beherrschende Rolle der Deutschen innerhalb der kongresspolnischen Industrie. Prus befürwortete jetzt sogar einen Kampf gegen die Deutschen im Bereich der Wirtschaft und sah die Notwendigkeit einer faktischen Einschränkung der Immigration.[32] Diese Einstellung bestimmte auch den Ton seines ersten Romans *Placówka* [Vorposten].[33] Auch der Auftritt der deutschen Kolonisten in Władysław Reymonts *Chłopi* [Bauern] endet in einer Auseinandersetzung um das Land zwischen den einheimischen Bauern und den ansiedlungswilligen deutschen Kolonisten.[34] In der Presse wurden Konflikte zwischen Deutschen und Polen als eine alltägliche Erscheinung dargestellt.

„Unmittelbar vor dem [Oster]fest gab es Wahlen in einer Gemeinde aus unserem Landkreis. Der Gemeindevorsteher war bisher ein Deutscher. Eine Gruppe von Menschen guten Willens bemühte sich, mit allen Mitteln die erneute Wahl des alten deutschen Gemeindevorstehers zu verhindern, und einen Polen zu wählen [...]. Die Deutschen aber, die fiktive und nicht stimmberechtigte Wähler aufgeboten haben, was man bis jetzt nicht über-

---

[29] Ebd. – Siehe auch Śladkowski, Kolonizacja niemiecka (wie Anm. 4), S. 243.
[30] Stanisław Bończa-Protaszewicz, Broń przeciwko germanizacji ziemi słowiańskiej [Eine Waffe gegen die Germanisierung des slavischen Bodens], Warszawa 1881.
[31] Ebd., S. 32.
[32] Kurier Warszawski 1879, Nr. 251; 1881, Nr. 225; 1881, Nr. 227; 1882, Nr. 67.
[33] 1885/1886 veröffentlichte Prus seine Arbeit in Fortsetzungen in der Zeitung „Wędrowiec". In Buchform erschien der Roman 1886 in Warschau.
[34] Władysław Reymont, Chłopi [Bauern], Warszawa 1904.

prüfen konnte, überstimmten die polnische Partei, und der alte Gemeindevorsteher blieb im Amt. [...]. Zwar drängen bei uns die Deutschen an die Macht, doch sie denken nicht daran, ihre Pflichten zum Wohle der Allgemeinheit zu erfüllen."[35]

Die Reaktionen der kongresspolnischen Presse und Publizistik auf die preußische Polenpolitik zielte auch auf eine nationale Sensibilisierung, um so der Germanisierung und Russifizierung entgegenzuwirken. Hilfreich erwies sich hierbei das Gefühl der Bedrohung durch die Politik der Teilungsmächte, die zugleich durch jemanden dargestellt werden konnte, den die Polen für einen Vertreter dieser Politik hielten. Die deutschen Kolonisten wurden als ein Instrument antipolnischer Bestrebungen des Deutschen Reiches betrachtet.[36]

Der Eingang nationaler Sichtweisen in die kongresspolnische Öffentlichkeit bewirkte eine Ausrichtung bisher unterschiedlicher Wahrnehmungen und Vorstellungen von deutschen Kolonisten im russischen Teilungsgebiet auf die nationalen Bestrebungen der Polen. Vor diesem Hintergrund wurden die deutschen Siedler nicht mehr als Landwirte und Impulsgeber für die einheimische Wirtschaft betrachtet, sonder nur noch als Deutsche. Den Deutschen unterstellte man aber Eroberungsstreben [polnisch: *zaborczość*] als bedeutendste Charaktereigenschaft. Das bloße Vorhandensein dieser Charaktereigenschaft genügte dann auch schon, um komplexe historische Vorgänge, wie etwa die Kolonisation, zu erklären.[37] „Kolonizacja" wurde zum Inbegriff der Verdrängung und Unterdrückung des Polentums, zur praktischen Umsetzung des „Deutschen Dranges nach Osten"; und der deutsche Kolonist wurde als Feind des polnischen Volkes wahrgenommen, den es auszugrenzen, in seinem Wirken zu behindern und wirtschaftlich zu bekämpfen galt.

---

[35] Echa Płockie i Łomżyńskie, 1898, Nr. 11, S. 3.
[36] Przemysław Hauser, Kolonista niemiecki na ziemiach polskich w XIX i XX wieku. Mit i rzeczywystość. [Der deutsche Kolonist auf polnischem Boden im 19. und 20. Jahrhundert. Mythos und Realität], Poznań 1994, S. 5.
[37] Frank Golczewski, Das Deutschlandbild der Polen 1918–1939, Düsseldorf 1974, S. 103.

Severin Gawlitta

Kollektive Identität der Kolonisten

Der nationalbestimmte öffentliche Raum, der sich in der Ausgrenzung der Fremden und insbesondere in einer antideutschen Einstellung einflussreicher gesellschaftlicher Schichten manifestierte, sollte sich nach Meinung der Zeitgenossen nicht nur assimilationshindernd auswirken, sondern auch dazu beitragen, dass die deutschen Kolonisten sich ihrer nationalen Identität bewusst würden. Sie machten darauf aufmerksam, dass dem langfristigen Prozess der Assimilation die Praxis der Nationalisten widerspräche, wenn sie „die Anderen" entweder zwangspolonisieren oder sie nach dem Motto „Du musst Pole, Deutscher oder Russe sein" etikettieren wollten.[38]

> *„Darin wurzelt die Ursache für das Scheitern der Germanisierung und Russifizierung der Polen [...]. Den preußischen Chauvinismus bekämpfend, übernahmen sie [die Nationalisten – S.G.] vollständig seine Methode, und genauso wie dieser unter der bereits halbverdeutschten Bevölkerung [in der Provinz Posen – S.G.] eine antideutsche Reaktion hervorrief, so werden jetzt im Königreich antipolnische Reaktionen innerhalb der polonisierten Bevölkerung hervorgerufen."[39]*

Diese Ansicht vertrat auch der *Zwiastun Ewangeliczny* [Evangelischer Bote], der dieser Frage eine besondere Aufmerksamkeit schenkte.[40] Das Blatt beklagte insbesondere die antideutsche Kampagne der polnischen Nationaldemokraten und ihr nahe stehender Intellektueller, da diese die Assimilation der Deutschen in Russisch-Polen untergrabe. Das offizielle Printmedium des evangelisch–augsburgischen Konsistoriums in Warschau kritisierte die deutschfeindlichen Arbeiten von Stefan Górski und Henryk Wiercieński, welche die deutschen Siedler als einen Vorposten Berlins darstellten.[41] Auf

---

[38] Gazeta Kujawska Nr. 5 vom 11. Jan. 1908.
[39] Ebd.
[40] Zwiastun Ewangeliczny 9 (1906), Nr. 7, S. 215–217; 11 (1908), Nr. 2, S. 51–54; 12 (1909), Nr. 1, S. 9–14.
[41] Ebd. 12 (1909), Nr. 1, S. 9–14. – Severin Gawlitta, Landwirte mit Pickelhaube? Deutsche Kolonisten im Spiegel kongresspolnischer Presse und Publizistik, in: Die Deutschen und das Östliche Europa. Festschrift für Detlef Brandes zum 65. Geburtstag, hrsg. v. Dietmar Neutatz und Volker Zimmermann, Essen 2006, S. 117–130, hier 126f.

diese Weise würden nämlich die Deutschen als Nichtdazugehörige aus der Gesellschaft ausgeschlossen, was dazu führe, dass sie sich ihrer nationalen Identität immer stärker bewusst und sich von den Polen abwenden würden.[42] Die Autoren des *Zwiastun Ewangeliczny* urteilten darüber:

> *„Wir finden, dass diese Art der Kampagne gegen die Deutschen, welche vor kurzem in der Presse stattfand und deren Echo noch im Land nachtönt, dem Polentum schadet, indem es hier und da zu schwerwiegenden Störungen des friedlichen Zusammenlebens zwischen dem polnischen Bauer und dem deutschen Kolonisten kommt und die allmähliche Assimilation der Deutschen hindern [Hervorhebung im Original – S.G.] kann. Am Bug haben wir ganze Kolonien völlig polonisierter Kolonisten, die früher Deutsche waren, heute aber kein Wort deutsch verstehen und in allerbester Harmonie mit ihren katholischen Nachbarn leben. Doch es ist offensichtlich: sie hätten sich nicht polonisiert, wenn es schon früher in unserem Land eine Kampagne des Rassenhasses gegeben hätte."*[43]

Die zitierten Beobachtungen weisen auf eine nationale Indifferenz der Kolonisten hin. Vor diesem Hintergrund würden ethnische Antagonismen und Vorurteile sowie überzogene und erfundene Darstellung ihrer Fremdheit und polenfeindlicher Einstellung eine entgegengesetzte Wirkung erzeugen und nicht nur ihre gesellschaftliche Integration verhindern, sondern ihnen zu einem deutschen Bewusstsein verhelfen. Doch die Vorhersagen der Zeitgenossen trafen nicht ein.

Obwohl sich die deutschen Kolonisten auf dem Land nicht assimilierten, ihre Sprache, Kultur und Traditionen weitgehend bewahrten, entwickelten sie bis 1915 keine nationale Identität. Es fehlten grundlegende Voraussetzungen, die die vorhandene Alterität aufnehmen und in dieser Richtung hätten lenken können. Eine deutsche Intelligenzschicht bestehend etwa aus Pastoren, Lehrern oder Frei-

---

[42] Zwiastun Ewangeliczny 9 (1906), Nr. 7, S. 216f.
[43] Ebd. 12 (1909), Nr. 1, S. 14.

beruflern konnte sich nicht etablieren. Dieser äußerst kleine Personenkreis suchte den Kontakt zu den gehobenen, fast ausschließlich polnischen städtischen Schichten und polnisierte sich dabei.[44] Zudem bildeten die deutschen Kolonisten im Königreich Polen kein geschlossenes Siedlungsgebiet, was der Bildung regionaler deutscher Organisationen hätte förderlich sein können. Darüber hinaus lebten die deutschen Landwirte abgeschottet und isoliert in ihren Kolonien mit nur wenigen Kontakten nach außen. Die Kampagnen gegen die Deutschen erreichten sie daher kaum und eine wirtschaftliche Benachteiligung erfuhren sie ebenso wenig. Im Gegenteil: Durch eine breitere landwirtschaftliche Aktivität, die neben Getreideanbau und Viehzucht auch den Gartenbau und die Verarbeitung von Milch umfasste, konnten sich die deutschen Kolonisten einen gewissen materiellen Vorsprung erarbeiten. Sie leiteten daraus ein entsprechendes Anspruchsdenken und auch ein Überlegenheitsgefühl gegenüber den polnischen Bauern ab. Seit den 1880er Jahren häuften sich Berichte, in denen die deutschen Siedler als „Sonderlinge" auftraten, die „ungeachtet ihrer langen Ansässigkeit im Land gar kein Bestreben zur Verschmelzung mit der russischen Bevölkerung zeigen. Ihr Verhalten zu dieser sei vielmehr, wie die provinziellen Behörden bestätigen, feindselig, stolz und verächtlich."[45] Aus dem Landkreis Hrubieszów (Gouvernement Lublin) hieß es, dass die dortigen deutschen Landwirte sich abgesondert hätten. Gegenüber den Einheimischen verhielten sie sich „überheblich und verächtlich".[46] Gleiches galt für die deutschen Kolonisten im benachbarten Landkreis Chełm.[47] Auch in anderen Regionen Kongresspolens wurden ähnliche Beobachtungen gemacht, wie z. B. im Nordwesten entlang

---

[44] Elżbieta Kaczyńska, Nationalität und Bürgertum im Königreich Polen (1864–1914), in: Die alte Stadt 14 (1987), S. 254–274, hier S. 261. – Hans Hopf, Zur Frage der Assimilation der Deutschen Mittelpolens (unter Berücksichtigung ihrer sozialen Struktur), in: Auslandsdeutsche Volksforschung 2 (1938), S. 487–499, hier S. 489. – Tadeusz Stegner, Pastorzy Królestwa Polskiego na studiach teologicznych w Dorpacie w XIX wieku [Pastoren des Königreiches Polen während des Theologiestudiums in Dorpat im 19. Jahrhundert], Warszawa 1993, S. 77.
[45] Zitiert nach Antonius Pytlak, Die deutschen Kolonisationsbestrebungen auf den Staatsdomänen im Königreiche Polen von 1793–1864, Borna;Leipzig 1917, S. 34.
[46] AP Lublin, Kancelaria Gubernatora Lubelskiego (KGL), 1901/205, O položenii nemeckoj kolonizacii v Ljublinskoj Gubernii [Über die Lage der deutschen Kolonisation im Lubliner Gouvernement] (vom 14. Jan. 1902), Bl. 34 – 44, hier Bl. 41.
[47] Ebenda, Bl. 39.

der preußischen Grenze. „Fast das gesamte Grenzgebiet wird von deutschen Kolonisten bewohnt, die zwar wegen persönlicher Vorteile die hiesige Untertänigkeit angenommen haben, die aber dadurch nicht aufhörten Deutsche [sic!] zu sein, sowie ihre Kultur und Arroganz zu betreiben."[48] Es kann angenommen werden, dass für die wirtschaftlich erfolgreicheren deutschen Landwirte Kontakte mit Einheimischen meistens Kontakte mit rückständigen und armen Bauern waren.[49] Sie betrachteten die einheimische Landbevölkerung von einer Position der Überlegenheit aus und bisweilen mit Geringschätzung. Sie hielten sich für die besseren und erfolgreicheren Landwirte, die an ihrer Wirtschaftführung nichts verbessern müssten und standen Neuerungen und agrotechnischen Fortschritt skeptisch gegenüber. Aufgrund ihrer materiellen Besserstellung verfielen sie nicht selten in Selbstgefälligkeit und Selbstgewissheit.

„[Das Lesen] ist besonders unseren Landleuten dringend zu empfehlen, denn die Landwirtschaft ist im Auslande in letzter Zeit weit fortgeschritten, während sie bei uns größtenteils noch nach althergebrachter Art und Weise betrieben wird. Bei richtiger Nutzbarmachung des Bodens sowie des Inventars könnten viel höhere Erträge erzielt werden. [...] Das Schlimme bei der Sache ist, dass viele unserer Landleute der Meinung sind, sie wirtschaften vortrefflich und bedürfen keiner Vervollkommnung, oder aber sie sind zu träge, um sich weiter zu bilden. In manchen Gemeinden sind Bibliotheken eingerichtet, wo auch landwirtschaftliche Bücher ausgeliehen werden, doch werden sie herzlich wenig benutzt. An vielen Orten sind von unseren römisch-katholischen Mitbürgern landwirtschaftliche Kränzchen und Genossenschaften gegründet worden, wo belehrende Vorträge gehalten und durch gemeinsamen Einkauf und Verkauf manche Vorteile erzielt werden; unsere Landleute stehen all dem noch fremd gegenüber und betrachten solche Neuerungen mit Argwohn, doch

---

[48] *Echa Płockie i Łomżyńskie*, Nr. 11, vom 7. Mai/25. April 1898.
[49] Tadeusz Stegner, Polonisierung deutscher Protestanten in Kongreßpolen (1815–1914), in: Acta Poloniae Historica 66 (1992), S. 93–114, hier S. 107.

zum eigenen Schaden, denn sie kommen nicht vorwärts, sondern gehen rückwärts."⁵⁰

Es wird deutlich, dass solange die deutschen Kolonisten keine wirtschaftlichen Nachteile oder politischen Diskriminierungen aufgrund ihrer ethnischen Herkunft erfuhren, für sie die antideutsche Einstellung und Wahrnehmung unter den Polen keine identitätsstiftende Wirkung hatte. Dies änderte sich nach Ausbruch des Ersten Weltkrieges, als die Deutschen im Russischen Reich zu Staatsfeinden erklärt wurden.⁵¹ Das Verbot, in der Öffentlichkeit Deutsch zu sprechen, Einschränkungen in der Ausübung ihrer Religion sowie im Schulwesen, vor allem aber Spionageanschuldigungen, Verschleppungen und Deportationen machten den deutschen Siedlern in Russisch-Polen klar, dass sie Opfer ihrer deutschen Abstammung und Eigenart wurden.⁵² Es verwundert daher nicht, dass die bis dato weitgehend national indifferenten Siedler nach 1914/15 ihre deutsche Identität zu entdecken begannen. Die nationale Identitätsfindung führte aber mancherorts zu Ergebnissen, die nicht nur der gängigen

---

⁵⁰ Unsere Kirche 4 (1909), Nr. 47, S. 371f.

⁵¹ Jürgen Hensel, Ewakuacja kolonistów niemieckiego pochodzenia z Królestwa Polskiego „w głąb Rosji" w latach 1914–1915 [Die Evakuierung deutschstämmiger Kolonisten aus dem Königreich Polen in die „Tiefe Russlands" in den Jahren 1914–1915]. In: Polska między Niemcami a Rosją. Studia ofiarowane Marianowi Wojciechowskiemu w 70. rocznicę urodzin [Polen zwischen Deutschland und Russland. Studien gewidmet Marian Wojciechowski zum 70. Geburtstag], hrsg. v. Włodzimierz Borodziej / Paweł Wieczorkiewicz. Warszawa 1997, S. 41–60. – Sergej G. Nlipovič, Rol' voennovo rukodarstva Rossii v „nemeckom vaprose" v gody Pervoj Mirovoj Vojny (1914–1917) [Die Rolle der russischen Militärführung in der „deutschen Frage" in den Jahren des Ersten Weltkrieges], in: Rosskije nemcy. Problemy istorii, jazyka i sovremennovo položenija. Materialy meždunarodnoj naučnoj konferencii [Russische Deutsche. Probleme der Geschichte, der Sprache und der gegenwärtigen Situation]. Anapa, 20.–25. Sept. 1995, Moskva 1996, S. 262–283.

⁵² Adolf Eichler, Das Deutschtum in Kongreßpolen, Stuttgart 1921, S. 110f. – Ders., Aus der Leidenszeit der deutschen Landwirte in Polen, in: Hausfreund- und Volkskalender 1916, S. 47–59. – Ders., Die Kriegsschicksale der deutschen Ansiedlung Königsbach, in: Neuer Hausfreund und Volks-Kalender 1919, S. 82–88. – Ders., Bei unseren Rückwanderern. Drei Abschnitte aus der Leidensgeschichte der Deutschen aus Polen, in: Ebd., S. 59–71. – Ders., Aus schwerer Zeit. Die Leidenswege der deutschen Kolonisten, in: Jahrbuch des Deutschen Vereins für Lodz und Umgegend 1917, S. 82–87. – Polonius, Die Deutschen in Russisch-Polen und der Krieg, in: Das Deutschtum im Ausland, Heft 22 (1914), IV. Vierteljahr, S. 176–188. – Edmund Holtz, Der Krieg und die Evangelisch–Lutherische Kirche in Polen, Lodz 1916. – Franz Rendtorff, Polen. Unpolitische Kriegsreisebilder, Leipzig 1916. – Der lutherische Gotteskasten, Nr. 2 (1916), S. 19.

Wahrnehmung der Zeitgenossen widersprachen, sondern auch unsere heutigen Vorstellungen von nationaler Zuordnung fraglich erscheinen lassen:

> „[...] wir stellen mit Betrübnis fest, daß sich alle drei [Herren] recht weit von ihrem Volkstum entfernt haben. Denn der bewußte Herr Schmidt, der obendrein noch den Taufnamen Heinrich führt, bekennt sich als eingefleischter Nationalpole, Herr Kowalski als Stockrusse und der anscheinend moskowitische Herr Kusnjezow als echter Deutscher. Und nicht besser steht es um das Glaubensbekenntnis der drei: der Pole Schmidt ist römisch-katholisch, der Russe mit dem polnischen Namen Kowalski orthodox, während Herr Kusnjezow trotz seines russischen Namens zur evangelischen Gemeinde gehört."[53]

---

[53] Bericht des deutschen Heeres aus der Stadt Mariampol (Gouvernement Suwałki) von 1917, zitiert nach Vejas Gabriel Liulevicius, Kriegsland im Osten. Eroberung, Kolonisierung und Militärherrschaft im Ersten Weltkrieg, Hamburg 2002, S. 53.

Hanna Krajewska

DIE CHRISTLICHE GEMEINSCHAFT DER BÖHMISCHEN BRÜDER

Die Gründung der christlichen Gemeinschaft der Böhmischen Brüder, die aus der radikalen Strömung des Hussitismus entstand, geht auf das Jahr 1457 zurück. Sie entstand am 1. März in Kunwald im östlichen Böhmen. Im Jahre 1467 wurde die religiöse Gemeinde unter dem Namen „Jednota" (Unität) der Böhmischen Brüder gegründet. Gemäß den Ideen von Jan Hus wurde das utopische Programm einer christlichen Gemeinde verkündet, die auf der evangelischen sozialen Gleichheit und der Armut fußt sowie Krieg und Gewalt als größtes Unheil ansieht. Man predigte, dass ein Christ an nichts glauben solle, was nicht in der Bibel stehe. Es wurden auch eigene Priester geweiht. Die eigene Lehre wurde im so genannten Glaubenssymbol (*confessio bohemica*) ausgedrückt. In den Jahren von 1564 bis 1593 entstand eine Übersetzung der Bibel ins Tschechische (*Biblia kralicka*).

Auf Grund der Verfolgungen durch die Katholiken und die Habsburger wurde die Jednota der Böhmischen Brüder zum Verlassen des Landes gezwungen. Ihre Emigration erfolgte in mehreren verschiedenen Etappen und nahm nach der Niederlage in der Schlacht am Weißen Berg im Jahre 1620 Massencharakter an. Ein Teil der Böhmischen Brüder unter Führung von Johann Amos Comenius kam damals nach Polen und baute hier größere Zentren der Bewegung in Großpolen (Lissa/Leszno) und Schlesien auf.

Comenius wirkte von 1627 an in Lissa, war Senior und seit 1648 Bischof. Dazwischen hielt er sich in England und Schweden auf. Er war ein universaler Gelehrter von tiefer Frömmigkeit und wurzelte in der Tradition der Brüderkirche, deren Historiker er wurde und die er in die Heimat zurückzuführen hoffte. Comenius verfasste ein Liederbuch, einen Katechismus, sowie verschiedene Trost- und Erbauungsschriften. Seine Lateinbücher, besonders die *Janua linguarum* (1631) und der *Orbis pictus* (1658) trugen ihm Weltruhm ein.

Nachhaltig wirkten Comenius' Lehren auf das Schulwesen in Deutschland. Einzelne Züge seiner Didaktik, so das Prinzip der naturgemäßen Methode, der Einheitlichkeit im Schulaufbau, des Vorrangs der Muttersprache, der Anschauung und des Spiels (*schole ludus*) wurden pädagogisches Gemeingut. In der Zeit der schwedischen Angriffe auf Polen (1655-1660) unterstützte Comenius die Schweden, schrieb zu ihren Ehren einen Panegyrikus (Lobesrede) und einen Aufruf an die Polen, in dem er diese aufforderte, dem Katholizismus und König Jan II. Kazimierz abzuschwören. Diese Handlungen und die Unterstützung, die den Schweden durch die Protestanten zuteil wurde, bewirkten eine Racheaktion der polnischen Armee, die nach der Rückeroberung Lissas von den Schweden im Jahre 1656 die gesamte Stadt abbrannten. Mit der Zerstörung Lissas verlor Comenius seine Bibliothek und musste die Stadt verlassen. Seine letzten Lebensjahre verbrachte er in Amsterdam.

Die Böhmischen Brüder verblieben in Lissa. In der offiziellen Nomenklatur erhielt sich der traditionelle lateinische Namen *Unitas Fratrum*, der deutlich auf die tschechische Genesis der Kirche hinweist. Im 18. Jahrhundert wurden jedoch in keiner der großpolnischen Gemeinden der Unität mehr tschechische Predigten abgehalten – man hielt sie nur in deutscher und polnischer Sprache. Weiterhin wurden jedoch die Traditionen der Böhmischen Brüder gepflegt – man hielt auch Kontakte zu den Protestanten in Böhmen und zu den böhmischen Emigranten in Deutschland aufrecht. Die Gemeinden der großpolnischen Jednota existierten bis in das Jahr 1817, als sie von der Unierten Kirche übernommen wurden, die im preußischen Teil Polens uneingeschränkt herrschte.

In Böhmen verließ zu Beginn des 18. Jahrhunderts ein Teil der aus den Böhmischen Brüdern hervorgegangenen, deutsch sprechenden Mähren ihre Heimat und fand in der Oberlausitz auf den Gütern des Grafen Nikolaus Ludwig von Zinzendorf Zuflucht.[1] Im Jahre

---

[1] Mehr darüber siehe: Jolanta Dworzaczkowa, Bracia czescy w Wielkopolsce w XVI i XVII wieku [Die Böhmischen Brüder in Großpolen im 16. und 17. Jahrhundert], Warszawa 1997, Jaroslav Bidlo, Jednota bratrská v prvním vyhnanství [Die Brüderunität im ersten Exil], Bd. 1-4, Praha 1900-1932, Rudolf Řícan, Die Böhmischen Brüder, Berlin 1961, Herbert Patzelt, Die böhmischen Bruder und ihre Beziehungen zu Deutschland, in: Kirchen und Bekenntnisgruppen im Osten des Deutschen Reiches. Ihre Beziehungen zu Staat und Gesellschaft, hrsg. von Bernhart Jähnig / Silke Spieler, Bonn 1991, S. 47-71, Die Religion in Geschichte und Gegenwart – Handwörterbuch für Theologie und Religionswissenschaft, hrsg. von Kurt Galling, Bd.1, Tübingen 1986, S. 1435-1439; J. Müller, Über den Zusammenhang zwischen

Böhmische Brüder

1722 gründeten sie eine Siedlung, die Herrnhut genannt wurde. In den dreißiger Jahren des 18. Jahrhunderts wohnten hier und in der näheren Umgebung etwa eintausend Siedler. Graf von Zinzendorf war seit seiner frühesten Jugend mit dem Pietismus und dessen hervorragenden Vertreter August Heinrich Francke, einem Theologen und Pastor der Universität zu Halle, wo der Graf studierte, verbunden. Der Pietismus war eine Bewegung der religiösen Erneuerung im Protestantismus des 17. und 18. Jahrhunderts. Mit dem Begriff wurde auch allgemein der „Erweckungstyp" der evangelischen Frömmigkeit bezeichnet. Der hallische Pietismus legte besonderen Wert auf zwei Aspekte des Kirchenlebens: auf die Mission und die Diakonie. In die neue Gemeinschaft brachte Graf von Zinzendorf viele Elemente der Lehren seines Meisters und Freundes ein: die „Wiedergeburt", die Frömmigkeit des Pietismus und die umfassenden Missions- und Diakonieaktivitäten.[2]

Der Gemeinde traten ebenfalls deutsche Protestanten (Lutheraner und Reformierte) bei, was durch die Annahme der Confessio Augustana durch die Herrnhuter und durch die Anerkennung seitens der protestantischen Kirchenbehörden Sachsens im Jahre 1749 begünstigt wurde.

Die Herrnhuter begannen gegen Ende des 18. Jahrhunderts, sich auch auf dem Gebiet des heutigen Polens auszubreiten. Einer der Hauptpunkte der neuen Ansiedlungspolitik in der Gegend von Lodz/Łódź war eine große Siedlung mit dem Namen Neu Sulzfeld. Sie wurde im Jahre 1801 auf vorher unbewohnten Waldgrundstücken gegründet. Die sich hier ansiedelnden Lutheraner kamen vor allem aus Württemberg und Baden. Letztere brachten in ihre neue Heimat den Namen einer der badischen Ortschaften – Sulzfeld – mit und gaben der neuen Ansiedlung den Namen Neu-Sulzfeld.[3] Dieser Name wurde nach der Gründung des Herzogtums Warschau in die

---

der erneurten Brüderkirche und der alten böhmischen der königlich – böhmischen Gesellschaft der Wissenschaften , Prag , 1884, S. 1-7.
[2] Religia. Encyklopedia PWN [Religion. PWN-Enzyklopädie], Bd. 8, bearb. von Tadeusz Gadacz / Bogusław Milerski, Warszawa 2003, S. 113-114. Halle und Osteuropa. Zur europäischen Ausstrahlung des hallischen Pietismus, hrsg. von Johannes Wallmann / Udo Strater, Halle 1998; Johannes Wallmann, Der Pietismus, Göttingen 1990.
[3] In der deutschen und polnischen Literatur wird dieser Name häufig wechselweise „Neu-Sulzfeld" oder „Neu Sulzfeld" bzw. „Neusulzfeld" geschrieben.

polnische Sprache übertragen und fortan wurde der Ort Nowosolna genannt.

Etwas weiter nördlich von Lodz entstand im Jahre 1800 das Dorf Leonberg. Diesen Namen brachten die Siedler aus Württemberg mit. In den Jahren zwischen 1802 und 1804 siedelten sich hier 79 Kolonisten – Lutheraner und Herrnhuter[4] – an. Leonberg (später Lwówek) war anfangs ein inoffizielles Zentrum der Mährischen Brüder, die in kleinen Gruppen nach Polen kamen und sich an verschiedenen Orten ansiedelten. Diese Verteilung, Diaspora genannt, ist eine der charakteristischen Eigenschaften der Ansiedlung der Herrnhuter in dieser Zeit. Ein zweites wichtiges Element der Ansiedlung in Polen sind Gründe fast ausschließlich ökonomischer Natur, die nichts mit der Mission zu tun haben.

In Jahre 1816 kamen 14 Familien aus der Pfalz nach Neu-Sulzfeld, darunter einige Böhmische Brüder. Zu ihnen gesellten sich in den Folgejahren viele weitere. Neu-Sulzfeld übernahm langsam die Rolle eines Zentrums. Die Position des Ortes wurde weiter gestärkt, als im Jahre 1828 der Bruder Karl Friedrich Martin Domke hier herzog. Auch sein Nachfolger wurde nach Abstimmung mit der Vereinigten Konföderation der Ältesten hierher geschickt. Dies war Johann Traugott Schulz aus Gnadenfeld (8.9.1840-Frühjahr 1841), ihm folgte Jeremias Scholz aus Niesky in der Lausitz (7.10.1841-1852).

Im Jahre 1847 wurden erstmals Visitatoren aus Herrnhut nach Neu-Sulzfeld geschickt. Die Visitation wurde in den Tagen vom 18. Mai bis zum 22. Juni vom Ehepaar (?) Mathiesen durchgeführt. Aus ihrem Bericht geht hervor, dass die Herrnhuter im russischen Teil Polens in 13 Orten wohnten. Es wurde ebenfalls ihre Anzahl angegeben, allerdings sehr ungenau: 213 Familien, 63 neue Personen und 33 Helfer. Aus dieser Statistik kann man nur sehr schwer erkennen, wie

---

[4] Paweł Fijałkowski, Rozwój społeczności ewangelickiej i powstanie sieci parafialnej w środkowej Polsce w II połowie XVIII i początkach XIX wieku [Die Entwicklung der evangelischen Gemeinschaft und die Entstehung des Pfarrgemeindenetzes in Zentralpolen in der zweiten Hälfte des 18. und am Anfang des 19. Jahrhunderts], in: Przeszłość przyszłości. Z dziejów luteranizmu w Łodzi i regionie, bearb. v. Bogusław Milerski / Krzysztof Woźniak, Łódź 1998, S. 25-41.

viele Herrnhuter damals wirklich im Gebiet des heutigen Polens lebten.

Die Arbeit des Betreuers der Gemeinde bestand nicht nur in der Organisation von Treffen, sondern auch in der aktiven Teilnahme am Leben der gesamten Diaspora. Im Jahre 1857 schickte die Vereinigte Konföderation der Ältesten einen weiteren Betreuer den Siedlern zu Hilfe – den Bruder Karl Hessemer. Seine Arbeit und seine Anstrengungen konzentrierten sich vor allem auf Reisen und Besuche bei kleineren Gruppen oder gar Einzelpersonen in verschiedenen Ortschaften. Schließlich wurde er als Betreuer in Leonberg ansässig, wo im Jahre 1858 ein neuer Gebetssaal entstand. Sowohl hier, wie auch in anderen Ortschaften, wurden diese Räume mit getrennten Eingängen für Frauen und Männer sowie mit Wohnungen für den Betreuer und seine Helfer gebaut. Dieses Mal wurde das zum Bau benötigte Geld hauptsächlich aus Beiträgen der Gemeindemitglieder gewonnen. Im Königreich Polen wohnten im Jahre 1857 1207 Personen, die den Böhmischen Brüdern zugerechnet wurden. Im Jahre 1861 waren es bereits 1451 Personen.[5]

In den achtziger Jahren gab es bereits Gruppen von Herrnhutern, die Polnisch sprachen und aus polnischen Gruppen stammten. Deutsch blieb jedoch weiterhin die dominierende Sprache. Neben den Visitatoren, die in unregelmäßigen Abständen, alle paar Jahre, die Gemeinden besuchten, kamen auch Missionare auf ihrer Durchreise ins Innere Russlands in die Dörfer der Herrnhuter. Seit den siebziger Jahren siedelten die Herrnhuter auch im Gebiet von Wolhynien. Im Jahre 1862 wohnten hier etwa 100 Familien in 16 Ortschaften.

Mittelpolen teilten die Herrnhuter in zwei Kreise ein – den Kreis Neu-Sulzfeld (im Jahre 1862 gehörten dazu 18 Orte[6]) und den Kreis Leonberg mit elf, teilweise recht weit voneinander entfernt liegenden Ortschaften. Im Jahre 1874 zählte der Kreis Neu Sulzfeld 881 Herrnhuter. Die Herrnhuter verbanden sich als evangelische

---

[5] Kalendarz wydawany przez Obserwatoryum Astronomiczne Warszawskie za rok 1857, Warszawa 1857, S. 112, ... za rok 1861, Warszawa 1861, S. 127.

[6] Nowosolna, Łódź, Stoki, Galkow, Konstantynów, Pabianice, Gacor, Hochwald, Korzyszew, Zduńska Wola, Polichno, Lenarów, Nowy Konstantynów, Tomaszów, Grombach, Ozorków, Mikołajew, Zgierz.

Glaubensgemeinschaft im Königreich Polen mit der evangelisch-augsburgischen Kirche. Ihre Rechtslage wurde durch das Gesetz aus dem Jahre 1849, durch die Verordnungen des Konsistoriums sowie durch zusätzliche Privilegien in Bezug auf die Befreiung vom Armeedienst geregelt.

Durch den Beschluss des Zaren Nikolaus I. vom 22. Dezember 1825 und vom 5. Januar 1826 wurden die Herrnhuter von der Pflicht zur Ableistung des Armeedienstes befreit. Dieses Privileg, das bis zum Jahre 1876 galt, verpflichtete die Herrnhuter zur jährlichen Ausstellung eines Verzeichnisses der Gläubigen. Die Anerkennung dieser Verzeichnisse als wahr und authentisch sicherte die Unterschrift des Dorfvorstehers des gegebenen Ortes sowie die Unterschriften der Vereinten Konföderation der Ältesten aus Herrnhut. Bis zum Moment des Erhalts dieses Privilegs bildeten die Böhmischen Brüder lose Gemeinschaften und nahmen ohne Probleme neue Gläubige auf. Durch den Beschluss des Zaren wurden sie dazu verpflichtet zu präzisieren, wer als Herrnhuter anerkannt und aufgenommen werden kann. Eine der Lösungen war die Bestimmung, dass ein Herrnhuter derjenige ist, der in einer Familie dieser Glaubensgemeinschaft geboren wurde. Über viele Jahre waren aber die neuen Glaubensbrüder das wirkliche Problem. Manchmal wurde anerkannt, dass jemand, der zwei bis drei Jahre in der Gemeinschaft gelebt hat, bereits als rechtmäßiges Mitglied anzusehen ist. Allerdings kam es nie zu einer rechtlich verbindlichen Regulierung dieser Frage, die meist sehr frei gelöst wurde.

An der Spitze der Glaubensgemeinschaft der Herrnhuter stand der Pfleger. Anfangs gab es nur einen Pfleger für die gesamte Glaubensgemeinschaft, später (ab dem Jahre 1902) waren es derer vier. Alle Pfleger wurden von der Vereinten Konföderation der Ältesten in Herrnhut ausgewählt, an die man die Bitte um ihre Entsendung richtete. Manchmal entschied das Los über die Bestimmung zum Pfleger.

Die Herrnhuter bildeten eine Gemeinschaft, die ihre Handlungen an die Frömmigkeit des Pietismus anlehnten. Täglich lasen sie zufällig ausgewählte Bibelzitate (Losungen), sprachen über ihren Inhalt und sangen Lieder. Sonntags versammelte man sich zur Andacht, am liebsten in speziell zu diesem Zweck errichteten Gebetssälen oder

Böhmische Brüder

Gebetshäusern. Ihre Gottesdienste nannten die Mitglieder Versammlungen.

Die Anbindung an eine große protestantische Kirche wurde von den Herrnhutern in verschiedenen Ländern (z.B. in der Schweiz, in Skandinavien und in Estland) praktiziert, immer aber blieben sie eine abgespaltene Glaubensgemeinschaft innerhalb der jeweiligen Kirche, eine so genannte Sozietät.[7] Nach dem ersten Weltkrieg begann man, die Pfleger „Prediger", später dann „Pastoren" zu nennen. Im Königreich Polen wurden neben dem Namen Herrnhuter auch andere Bezeichnungen verwendet: Bracia Morawscy (Böhmische / Mährische Brüder), Bracia Morawczykowie (gleichfalls) oder Morawczycy (Böhmen / Mähren). Manchmal wurden die Gläubigen auch als Mennoniten oder Mennonisten bezeichnet. Von den Verwaltungsbehörden wurden die Herrnhuter wie eine Sekte behandelt. Sie stellten im Königreich Polen eine verhältnismäßig kleine Gruppe dar, in Lodz überstieg ihre Anzahl nicht einmal 200 Personen. Die Bezeichnung Moravian Church (Mährische Kirche) wird hauptsächlich im englischsprachigen Raum verwendet, aber auch in der französischen (Église morave) und der spanischen Sprache (Iglesia Morava). In Deutschland ist die gebräuchlichste Form dagegen die Bezeichnung Brüder-Unität, die eine Übersetzung aus dem Lateinischen – *Fratrum Unitus* – darstellt. Im Tschechischen heißt die Glaubensgemeinschaft „Jednota braterska".[8]

Eine weitere Gruppe der Böhmischen Brüder kam um die Mitte des 18. Jahrhunderts nach Polen. Zunächst siedelten sie sich in Schlesien an, später zog ein Teil von ihnen weiter nach Zentralpolen, wo sie im Jahre 1802 den Ort Zelów (bei Lodz) kauften, eine Kirche bauten und eine Religionsschule gründeten. Nicht viel später entstanden weitere tschechische Dörfer. Im Jahre 1817 schloss sich die Pfarrei in Zelów der evangelisch-reformierten Kirche an, da eben

---

[7] Sozietät – freie christliche Gemeinschaft, die in engem Zusammenhang mit der Brüder-Unität in Herrnhut steht, aber auch von einer protestantischen Kirche im gegebenen Land abhängig ist.

[8] Paul Peucker, Herrnhuter Wörterbuch. Kleines Lexikon von brüderischen Begriffen, Herrnhut 2000; Hans-Beat Motel, Die Herrnhuter Brüdergemeine. Die evangelische Brüder-Unität, Bad Boll; Herrnhut 1995, S. 1. Religia (wie Anm. 2), Bd. 2, Warszawa 2001, S. 254; Stephan Hirzel, Der Graf und die Brüder. Die Geschichte einer Gemeinschaft, Stuttgart 1980.

diese Glaubensrichtung den Böhmischen Brüdern am nächsten war. Die tschechischen Traditionen und die tschechische Sprache überdauerten in der Kirche über viele Jahre.

Im Dekret des Zaren Nikolaus I. vom 20. Februar 1849 wurden die „Vorschriften über die Verwaltung der Kirchenfragen der evangelisch-reformierten Kirche im Königreich Polen" festgelegt.[9] Sie sicherten der Kirche gemäß ihrer Tradition eine synodal-presbyteriale Organisation. Die oberste Entscheidungsmacht stellte die Synode dar, die aus allen Geistlichen, dem Adel, dem Militär, den Beamten, delegierten Laien und den Mitgliedern der Pfarrei bestand, in welcher die Synode zusammenkam.

Die Synode beschäftigte sich mit allen wichtigen Angelegenheiten, darunter dem Schulwesen und den Pfarreien. Zur Erledigung der laufenden Angelegenheiten wurde ein Konsistorium einberufen, an dessen Spitze zwei Präsidenten standen, ein weltlicher und ein geistlicher (Superintendent). Das Amt des Superintendenten wurde dem Pfarrer Józef Spleszyński (1808-1879) übertragen, einem Polen, dem ersten Pastor der reformierten Gemeinde in Warschau. Nach seinem Tode erhielt Fryderyk Jeleń (1851-1910), der Sohn eines tschechischen Pastoren, dieses Amt. Er studierte Theologie in Edinburgh und London und wurde dort auch ordiniert. Bis zu seinem Lebensende sprach er mit deutlichem tschechischen Akzent.[10] Im Jahre 1910 wurde Władysław Semadeni (1865-1930), der Sohn eines bekannten Konditors Schweizer Herkunft, zum Superintendenten ernannt. Seine Mutter Maria Anna aus dem Hause Ragazzi stammte ebenfalls aus einer sehr alten Schweizer Familie.[11]

Zusammen mit der einsetzenden Entwicklung der Industrie im Königreich Polen begann ein Teil der Einwohner von Zelów in immer größerer Entfernung ihres Wohnortes Arbeit zu suchen. Auf diese Weise siedelten sich große Gruppen in Żyrardów und in Lodz an. In Lodz schufen sie eine evangelisch-reformierte Glaubensgemeinschaft. In der Kirche wurden die Gottesdienste in polnischer, tschechischer und deutscher Sprache abgehalten. Anschließend

---

[9] Rechtsblatt des Königreichs Polen, Bd. 42, 1849, S. 1-5.
[10] Ś.p. Fryderyk Jeleń, in: Zwiastun Ewangelicki (1910), Nr. 4, S. 109-112.
[11] Tadeusz Stegner, Ewangelicy warszawscy 1815-1918 [Die Warschauer Evangelischen 1815-1918], Warszawa 1993, S. 105.

Böhmische Brüder

verband sich ein Teil von ihnen mit der Freien Reformierten Kirche, deren Ideen aus Österreich nach Lodz kamen.

Die Freie Reformierte Kirche

Das von Kaiser Joseph II. am 13. Oktober 1781 erlassene Toleranzpatent erlaubte den Protestanten aller Provinzen der Habsburgermonarchie die private Ausübung ihres Glaubens. Die nächsten Kaiser erweiterten diese Glaubensfreiheit noch weiter. Am 4. März 1849 erließ Kaiser Franz Joseph I. ein Patent, das allen Bürgern vollständige Glaubensfreiheit sowie volle Bürgerrechte und politische Rechte ohne Rücksicht auf Glauben und Religion gewährte. Am 8. April des Jahres 1861 wurde das so genannte Protestanten-Patent erlassen, in welchem die bisherigen Zugeständnisse an die Protestanten zusammengefasst, erweitert und präzisiert wurden. Am 9. April 1861 wurde ein zweites kaiserliches Patent erlassen, dass das innere System der Kirche regelte.[12]

Anfangs standen die tschechischen Protestanten vor der Notwendigkeit einer Wahl zwischen der Augsburger Konfession und der Confessio Helvetica. Erst in den sechziger Jahren ergaben sich Möglichkeiten für Kontakte mit dem Ausland, die in Verbindung mit dem Nationalbewusstsein und der freien Anerkennung der einheimischen Reformation zur Entstehung anderer Kirchen führten. Im Jahre 1870 wurde der tschechische Zweig der Brüder-Unität gegründet. Dank der Mission amerikanischer Kongregationalisten entstand auf tschechischem Boden in den Jahren 1870-1880 die Freie Reformierte Kirche, später auch Jednota Českobratrská (Böhmische Brüder-Unität) und heute Brüderkirche genannt.[13]

Diese Kirche knüpfte an die Ideen von Jan Hus an und strebte nach einer Wiedergeburt der Tradition der Böhmischen Brüder. Gegen Ende des 19. Jahrhunderts begann diese Kirche eine breit

---

[12] Woldemar Gastpary, Historia protestantyzmu w Polsce [Geschichte des Protestantismus in Polen], Warszawa 1972, S. 168-169.
[13] Miroslav Brož, Jednota Braci Czeskich [Die Böhmische Brüder-Unität], in: Wczoraj, dziś i ... Życie, dzieje i teraźniejszość braci czeskich w Zelowie [Gestern, heute und... Leben, Geschichte und Gegenwart der böhmischen Brüder in Zelów], bearb. v. Jacek Kriegseisen, Zelów 1998, S. 20.

angelegte Missionstätigkeit in denjenigen Ländern, in welchen Tschechen wohnten, oder die Nachkommen von Emigranten waren, die in den vergangenen Jahrhunderten aufgrund ihres Glaubens zum Verlassen ihrer Heimat gezwungen worden waren.[14] Auf diese Weise traf im Jahre 1889 der Prediger Alois Adlof im Königreich Polen ein. Seine Predigten in Żyrardów und vor allem in Lodz bewirkten, dass ein Teil der tschechischen reformierten Protestanten beschloss, sich von der Kirche zu trennen und eine eigene Glaubensgemeinschaft zu gründen.

Gründer der Freien Reformierten Kirche in Lodz war ein anderer Tscheche – Bohumil Prohaska. Nach Abschluss seiner theologischen Ausbildung wurde er Prediger der Gemeinde zu Lodz. Das Statut der Freien Reformierten Kirche sah die Möglichkeit der Gründung von Filialen im gesamten Königreich Polen vor. In der Praxis entstand allerdings nur eine solche Gemeinde – in Zelów. Sie wurde von den dortigen Webern (u.a. Jan Zaunar, Josef Matejka), nach ihrer Rückkehr aus Lodz im Jahre 1905 gegründet. Prohaska kam als Prediger einmal im Monat nach Zelów. Jedoch begannen Prediger und Missionare aus Böhmen relativ schnell, die Freie Reformierte Kirche in Zelów zu besuchen. Die Gemeinde in Zelów überdauerte bis zum Jahre 1939, die Gemeinde in Lodz dagegen nur bis zum Jahre 1916, d.h. bis zur Abreise des Predigers Prohaska.

Die Böhmischen Brüder in Polen lebten demnach je nach Zeitalter in verschiedenen religiösen Formationen. Den Ideen aus dem 15. Jahrhundert kam die Unität in Lissa (1627-1817) in Großpolen am nächsten. An die Traditionen der Böhmischen Brüder versuchte ebenfalls die Freie Reformierte Kirche anzuknüpfen. Eine relativ ausgedehnte Entwicklung erfuhren die Böhmischen Brüder in Herrnhut. Die größte Abweichung vom Glauben ihrer Vorfahren war jedoch die Verbindung mit der Evangelisch-Reformierten Kirche, bei der die Brüder in Polen praktisch bis heute vertreten sind.

---

[14] Jan Toul, Jubilejní kniha českobratrské evangelické rodiny: K 150letému jubileu tolerančního patentu 1781-1931 [Jubiläumsbuch der evangelischen Unität der Böhmischen Brüder: zum 150jährigen Jubiläum des Toleranzpatents 1781-1931], České Budějovice 1931, S. 26-30.

Isabel Röskau-Rydel

Die Geschichte der Evangelischen Gemeinde in Krakau seit Ende des 18. Jahrhunderts bis 1918

Im 18. Jahrhundert sahen sich die evangelischen Bewohner Krakaus immer wieder Angriffen ausgesetzt, da ihre Gottesdienste wiederholt von katholischen Studenten oder Gymnasiasten gestört wurden. Als sich die Überfälle auf die evangelischen Bewohner der Stadt häuften, die zum Teil Todesopfer zu beklagen hatten, verlegten sie ihren Gottesdienst in die einige Kilometer nördlich von Krakau gelegene evangelisch-reformierte Gemeinde Wielkanoc (heute: Gemeinde Gołcza, Kreis Miechów). Dort konnten sie ihre Religion weiter ausüben, allerdings blieben sie auch in Wielkanoc nicht von Überfällen verschont.[1] Die in Krakau verstorbenen Personen evangelischer Konfession wurden auch auf dem Friedhof in Wielkanoc bestattet. Einen eigenen Pastor besaß die kleine evangelische Gemeinde nicht. Seit Ende des 18. Jahrhunderts kam lediglich einmal im Jahr ein Pastor nach Krakau, „um in der sonst unbenutzt stehenden Kirche der heiligen Scholastica Communion zu halten".[2]

Die Krakauer Evangelischen besuchten in jener Zeit vornehmlich den Gottesdienst in der evangelischen Kirche in Podgórze. Von 1804 bis 1806 war Senior Samuel Bredetzky Pastor der evangelischen Gemeinde Augsburgischen und Helvetischen Bekenntnisses (A. und H.B.) in Podgórze und in Krakau. Sowohl als hervorragender Prediger, der auch lange Fußmärsche zwischen seinen Gemeinden nicht scheute, als auch als Verfasser zahlreicher Publikationen bekannt, wurde ihm 1806 die Superintendentur Galiziens und der Bukowina mit Sitz in Lemberg anvertraut.

Nach ihm übernahm Jacob Krenis, der zuvor Pastor in Neuenkirchen im Herzogtum Mecklenburg gewesen war, das Amt des Pastors in beiden Gemeinden. Seinen Aufzeichnungen zufolge, be-

---

[1] [Wojciech Węgierski]: Chronik der evangelischen Gemeinde zu Krakau von ihren Anfängen bis 1657 von Pastor Adalb. (Wojciech) Wengierski, Senior der Gemeinde des Krakauer Districts, in polnischer Sprache verfasst, deutsch bearbeitet und mit einem Nachtrage versehen von Dr. C. F. Wilhelm Altmann, Breslau 1880, S. 129-132.
[2] Ebenda, S. 141.

fand sich die damalige Kirche in Podgórze in einem so baufälligen Zustand, dass sie abgestützt werden musste. Die evangelische Gemeinde in Krakau verfügte in dieser Zeit weder über ein Bethaus noch über eine Schule. Den Unterricht in Schreiben, Rechnen, Religion und Bibelgeschichte für die jüngeren Kinder sowie in Natur- und Weltgeschichte für die älteren Kinder hielt Pastor Krenis neben seinen Amtsgeschäften persönlich.[3] Auch wenn die Gemeinde zahlenmäßig relativ klein war – so wurden 1811 in Krakau lediglich 243 Personen und in Podgórze 92 Personen evangelischer Konfession gezählt – kann man sich durchaus vorstellen, dass der Pastor ohne weitere personelle Unterstützung überlastet gewesen sein muss. Besonders attraktiv schien das Pastorenamt in Krakau und Podgórze nicht gewesen zu sein, da in jener Zeit ein schneller Wechsel der Pastoren stattfand und erst seit 1817 die Pastoren über eine längere Zeitspanne im Amt blieben.[4]

Eine Zäsur in der Geschichte Krakaus trat mit der Neuordnung Europas im Rahmen des Wiener Kongresses im Jahre 1815 ein. Krakau, das seit der Dritten Teilung Polens im Jahre 1795 zu Österreich, dann seit 1809 zum Herzogtum Warschau gehörte, erhielt nun den Status einer „freien, unabhängigen und streng neutralen Stadt". Von 1815 bis 1846 stand Krakau allerdings unter dem „Schutz" der drei Residenten der Teilungsmächte. Die Freie Stadt Krakau erhielt am 3. Mai 1815 eine Verfassung mit einer ausgedehnten Autonomie.[5] Das Gebiet der Freien Stadt Krakau, das auch Republik Krakau (Rzeczpospolita Krakowska) genannt wurde, umfasste mit seinen angeschlossenen Gemeinden und Städten rund 1.150 km² und grenzte im Norden und Osten an das Königreich Polen, im Westen an Preußisch-Schlesien sowie entlang der Weichsel an Galizien. Der

---

[3] Central'nyj deržavnyj istoryčnyj archiv Ukraïny m. L'viv, Fond No. 427, opys No.1, Schreiben Jacob Krenis vom 27. Dezember 1806 an Superintendent Samuel Bredetzky. Die Kopien der Mikrofilme verdanke ich Herrn Prof. Dr. Erich Müller, Kulturreferent des Galiziendeutschen Heimatkomitees, in Berlin.

[4] Chronik der evangelischen Gemeinde (wie Anm. 1), S. 141. Eduard Kneifel, Die Pastoren der Evangelisch-Augsburgischen Kirche in Polen. Ein biographisches Pfarrerbuch mit einem Anhang, Eging [o.J.], S. 177, 212. Im Jahre 1810 betrug die Zahl der Evangelischen in ganz Galizien etwa 12.000 Personen.

[5] Geheimes Staatsarchiv Preußischer Kulturbesitz, Berlin, III HA, MdA I, Nr. 5697 [nicht paginiert]: Verfassungs-Urkunde der freien Stadt Krakau, Art. 1 und 2.

wichtigste Grenzübergang zwischen Krakau und Galizien befand sich an der „schwimmenden" Weichselbrücke, die Krakau mit der galizischen Stadt Podgórze verband. 1815 lebten im freistädtischen Gebiet insgesamt rund 88.000 Einwohner, davon etwa 23.000 Einwohner in der Stadt Krakau und ihren Vorstädten, unter denen sich 18.525 Christen und 4.862 Juden befanden.[6]

Der Krakauer evangelischen Gemeinde fehlte nach 1813, als der aus dem Oberrheinischen stammende Pastor Johann Heinrich Ernst Vockerodt schon nach einem Jahr die Gemeinde wieder verließ, schließlich nicht nur ein Seelsorger, sondern auch immer noch eine eigene Kirche, die den Mitgliedern der evangelischen Gemeinde noch von der österreichischen Regierung zugesagt worden war. Das bischöfliche Konsistorium hatte sich jedoch nicht darauf einigen können, welche der leer stehenden Kirchen in Krakau der evangelischen Gemeinde übergeben werden sollte. Zwar bewilligte dann die Regierung der Freien Stadt Krakau einen Zuschuss von 3000 Gulden jährlich für die Gemeinde, allerdings wurden einige der angebotenen, jedoch im Verfall begriffenen Kirchen von der evangelischen Gemeinde aufgrund der damit verbundenen hohen Reparaturkosten abgelehnt. Erst 1816 wurde schließlich die St. Martins-Kirche an der Grodzka-Straße der evangelischen Gemeinde geschenkt. Es heißt, dass sich der damalige Bischof von Krakau Jan Paweł Woronicz nachdrücklich für die Schenkung eingesetzt habe.[7]

Unterstützt wurde er dabei insbesondere von Georg Samuel (Jerzy Samuel) Bandtkie (Bandtke) (1768-1835), dem bekannten evangelischen Theologen, Sprachwissenschaftler und Bibliothekar der Krakauer Universitätsbibliothek. Bandtkie, der in der evangelischen Gemeinde in Krakau eine ganz besonders wichtige Rolle spielte, war durch seine Herkunft und durch seine Publikationen ein Vermittler zwischen der deutschen und polnischen Kultur. Der 1768 in Lublin geborene Bandtkie hatte das Gymnasium in Breslau besucht und seit 1787 zunächst in Halle, danach in Jena evangelische Theologie, Geschichte und klassische Philologie studiert. Später war

---

[6] Janina Biernarzówna, Wolne Miasto Kraków [Freie Stadt Krakau], in: Janina Biernarzówna, Jan M. Małecki, Dzieje Krakowa [Geschichte Krakaus], Bd. 3: Kraków w latach 1796-1918 [Krakau in den Jahren 1796-1918], Kraków 1979, S. 45.
[7] Ebenda, S. 143-144.

Isabel Röskau-Rydel

er mehrere Jahre als Hauslehrer beim Grafen Piotr Ożarowski in Warschau, Dresden, Berlin und Petersburg, danach seit 1798 als Lehrer der polnischen Sprache am St. Elisabeth-Gymnasium in Breslau tätig. Seit 1804 wirkte er als Rektor des Hl. Geist-Gymnasiums in Breslau. Durch seine Veröffentlichungen zur Geschichte Polens und Schlesiens und zur polnischen Sprache sowie als Bibliothekar der Bibliothek zu St. Bernhardin in Breslau war er in den gebildeten Kreisen sowohl in Deutschland als auch in Polen bekannt. Aufgrund seiner Verdienste um die polnische Sprache wurde ihm durch Vermittlung des Fürsten Adam Czartoryski im Sommer 1811 die Stelle des verstorbenen Universitätsbibliothekars sowie die Professur für Bibliographie an der Krakauer Universität verliehen. Unter seiner Leitung wurden die Bestände der Universitätsbibliothek geordnet und die Grundlagen für eine kontinuierliche wissenschaftliche Sammlung gelegt.[8]

Als 1817 Pastor Ludwig Friedrich Teichmann die evangelische Gemeinde in Krakau übernahm, arbeitete er eng mit Georg Samuel Bandtkie zusammen. Pastor Teichmann, Bandtkie und andere Mitglieder arbeiteten 1825 ein Gemeindestatut aus. Das ebenfalls in dieser Zeit entstandene Projekt der zukünftigen evangelischen Schule, war vornehmlich Bandtkies Werk.[9] Die Schule, in der die Schüler in deutscher und polnischer Sprache unterrichtet wurden, konnte im Januar 1826 eröffnet werden. In seiner Amtszeit gelang es Pastor Teichmann, die evangelische Gemeinde in Krakau zu reorganisieren und zu konsolidieren.[10] Nach der Berufung Pastor Teich-

---

[8] Karl Gabriel Nowack, Georg Samuel Bandtke [!], in: Sonderdruck der Schlesischen Provinzialblätter, Bd. 104 (1836), S. 1-4. Zu seinen frühen Werken zählen u.a.: Historisch-Critische Analecten zur Erläuterung der Geschichte des Ostens von Europa, Breslau 1802; Neues Taschenwörterbuch der polnischen, deutschen und französischen Sprache, (gemeinsam mit seinem Bruder Johann Vinzenz), Breslau 1805; Ausführliches Wörterbuch der polnischen und deutschen Sprache, Breslau 1806; Polnische Grammatik für Deutsche, Breslau 1808; Kurze Darstellung der Geschichte des Königreichs Polen, Breslau 1810.
[9] Chronik der evangelischen Gemeinde (wie Anm. 1), S. 144-146.
[10] Karol B. Kubisz, Szkic dziejów Trzeciego Zboru Krakowskiego [Überblick der Geschichte der Dritten Krakauer Gemeinde], in: Janina Biernarzówna, Karol B. Kubisz, 400 lat reformacji pod Wawelem [400 Jahre Reformation zu Füßen des Wawel], Warszawa 1958, S. 37. Die 1958 in Warschau erschienene und nur 72 Seiten umfassende Schrift Pastor Karol Kubiszs, die er zusammen mit der Krakauer Historikerin Janina Bienarzówna verfasst hat, ist der Entstehungszeit entsprechend tendenziös. Eine auf Quellenmaterial basierende Arbeit, die der

manns im Jahre 1828 nach Warschau, fand die evangelische Gemeinde in Krakau einen neuen Pastor in dem aus Schönwitz, Kreis Falkenberg, (polnisch: Karczów, Kreis Niemodlin) in Preußisch-Schlesien stammenden Karl Friedrich August Otremba (1800-1876). Er kam im Jahre 1829 nach Krakau, um dort seine Stelle als Pastor der kleinen evangelischen Gemeinde anzutreten.

Im Jahre 1827, zwei Jahre bevor August Otremba seine Stelle antrat, war die Einwohnerzahl Krakaus schon beträchtlich gestiegen und betrug nun 32.777 Einwohner, darunter 22.656 Christen und 10.121 Juden. Lediglich 200 bis 250 Einwohner Krakaus waren evangelischer Konfession. In den drei Jahrzehnten ihres Bestehens erlebte die Freie Stadt Krakau mit ihrer Umgebung einen starken Bevölkerungsanstieg und zählte 1843 schließlich 145.787 Einwohner, von denen 42.990 in der Stadt selbst lebten.[11] Der schnelle Zuwachs der Bevölkerung in dem Gebiet der Freien Stadt lag jedoch nicht in einer hohen Geburtenrate, sondern insbesondere in der starken Zuwanderung von Emigranten aus dem Königreich Polen, dem Herzogtum Posen und aus Galizien nach dem Novemberaufstand im Jahre 1830/31 begründet.

Der 29-jährige August Otremba erschien den Krakauer Gemeindemitgliedern von den zehn Kandidaten als der Geeignetste, da er neben seiner deutschen Muttersprache auch die polnische Sprache beherrschte. Während seiner Zeit als Gymnasiast in Oppeln und als Student in Breslau, wo er von 1823 bis 1826 Theologie und Philosophie studiert hatte, war er der polnischen Sprache noch nicht ganz mächtig gewesen, verbesserte jedoch seine Kenntnisse während seiner Tätigkeit als Hauslehrer und beherrschte sie später mündlich und schriftlich fast so gut wie seine deutsche Muttersprache. Das Presbyterium trug anfänglich Bedenken, ihn zu berücksichtigen, da er noch nicht das zweite theologische Examen abgelegt hatte, änderte aber später seine Ansicht und ließ ihn am 6. Juni 1829 eine Präsentationspredigt in deutscher und polnischer Sprache halten. Diese Predigt schien die meisten Gemeindemitglieder überzeugt zu haben, da

---

Problematik der Differenzen zwischen Deutschen und Polen in der evangelischen Gemeinde in Krakau bis 1918 gewidmet ist, gibt es nicht.
[11] Szczęsny Wachholz, Rzeczpospolita Krakowska (okres od 1815 do 1830 r.) [Krakauer Republik (von 1815 bis 1830)], Warszawa 1957, S. 47f.

er danach mit einer bedeutenden Stimmenmehrheit zum Pastor gewählt wurde. Am 2. Juli 1829 bestätigte dann schließlich der Senat der Freien Stadt Krakau ihn im Amt, das er im September 1829 antrat.[12]

Pastor Otremba betreute nicht nur die ansässigen Mitglieder seiner Gemeinde, sondern auch die preußischen Residenten in der Zeit Krakaus als Freie Stadt. Gerade die von 1815 bis 1846 in Krakau residierenden preußischen Residenten, die vorwiegend evangelischer Konfession waren, fanden in ihm nicht nur einen Seelsorger, sondern auch gleichermaßen einen Gesprächs- und Diskussionspartner. August Otremba besaß ein so großes Vertrauen, dass der erste preußische Resident in Krakau, Georg Louis Darrest, in seinem Testament Pastor Otremba mit der Vormundschaft seiner beiden unehelichen Kinder beauftragte, die dieser auch nach dessen Selbstmord im Jahre 1830 übernahm. Ebenfalls ermöglichte er dem preußischen Residenten ein kirchliches Begräbnis.

Seit 1831 unterrichtete August Otremba dann neben seinem Amt als Pastor ebenfalls auch als provisorischer Lehrer Deutsch an der Jagiellonischen Universität. Neben einem Sprachkurs leitete er einen Literaturkurs, in dessen Unterrichtsstunden altpolnische Klassiker ins Deutsche übersetzt wurden. Darüber hinaus unterrichtete er eine Zeit lang Deutsch in dem Knabenpensionat des bekannten Krakauer Philosophen Józef Kremer sowie von 1849-1852 Griechisch am St. Anna-Gymnasium.

Zu erinnern ist an dieser Stelle, dass die Freie Stadt Krakau nach dem Novemberaufstand von 1830 und nach der Niederlage der polnischen Truppen im September 1831, als die drei Teilungsmächte restriktive Maßnahmen in allen öffentlichen Bereichen ergriffen, die einzige polnisch verwaltete Enklave in dem unter den drei Teilungsmächten aufgeteilten polnischen Staat war. Daher kam gerade dieser, durch einen polnischen Senat mit polnischer Amtssprache geführten Freien Stadt, in der das Polnische als Unterrichtssprache in den Schulen und als Vorlesungssprache an der Universität verpflichtend war, eine besondere Rolle im nationalen Bewusstsein der Polen zu.

---

[12] Chronik der evangelischen Gemeinde (wie Anm. 1), S. 147-148.

Da sich die Krakauer Gemeinde nicht dem Breslauer Konsistorium unterstellen, sondern ein eigenes errichten wollte, arbeiteten einige Gemeindemitglieder den Entwurf eines Statuts für das evangelische Konsistorium aus, das dem Krakauer Senat am 14. April 1834 vorgelegt wurde. Schon am 11. Juni 1834 bestätigte der Senat den Entwurf mit geringfügigen Änderungen, und am 12. Dezember 1834 konnte dann die evangelische Gemeinde die Mitglieder des Konsistoriums wählen, zu denen neben Pastor Otremba als Vorsitzender die Universitätsprofessoren Karl Hube und Michael Mohr, der Buchhändler Franz Friedlein sowie der ehemalige Major Stefan Różycki zählten.[13]

Im Jahre 1838 wurde schließlich ein eigener Regierungskommissar ernannt, der sich um die Schulangelegenheiten der evangelischen Gemeinde kümmern sollte. Mit der Ausbildung des damaligen Lehrers und Hilfslehrers war man in der Gemeinde nicht zufrieden. Aufgrund der Vernachlässigung seiner Pflichten wurde der Lehrer der evangelischen Schule auf Anordnung des Senats im Jahre 1843 entlassen. Provisorisch übernahm dann ein katholischer Lehrer bis 1845 den Unterricht. Mit der Reorganisation der Schule wurde der Arzt und Professor für Pathologie an der Krakauer Universität, Friedrich Skobel, beauftragt, der sich sehr für die Verbesserung des Unterrichtes in der Schule einsetzte und die entsprechenden Lehrmittel anschaffen ließ. Der neue Schulorganisationsplan wurde jedoch vom Senat nicht genehmigt, da er angeblich über „das Ziel einer Volksschule hinausging." 1845 konnte schließlich die evangelische Gemeinde mit Karl Senft, einem Kantorensohn aus Polnisch-Würbitz, Kreis Kreuzburg, (polnisch: Wierzbica Górna, Kreis Kluczbork) in Preußisch-Schlesien, sowohl einen Leiter für die Schule als auch gleichzeitig einen Kantor für die Kirche gewinnen.[14]

Pastor Otremba schien sich sehr um eine gute Beziehung zu seiner Gemeinde und seinen Mitbürgern zu bemühen, wie dem Tagebuch des Krakauer Arztes und Universitätsprofessors Fryderyk Hechel zu entnehmen ist. So lud er Gemeindemitglieder, seine bei ihm lebenden Pensionatsschüler und deren Eltern zu Ostern 1845 zu

---
[13] Ebd., S. 149-150.
[14] Ebd., S. 150-151.

einem sehr üppigen Mittagessen ein, an dem insgesamt rund achtzig Personen teilgenommen haben sollen. Fryderyk Hechel zufolge, der zu diesem Ostermittagessen eingeladen war, lebte Pastor Otremba und seine gesamte Familie in enger Beziehung mit den polnischen Mitbürgern.[15]

Als schließlich 1846 in der Freien Stadt Krakau ein Aufstand von den um die Unabhängigkeit Polens kämpfenden Emigranten und konspirativen Kreisen ausgelöst und eine „Nationalregierung der Republik Polen" (Rząd Narodowy Rzeczypospolitej Polskiej) in Krakau ausgerufen wurde, wurde dieser Aufstand, der sich auf ganz Galizien ausweitete, schnell von österreichischen Truppen niedergeschlagen. Die Aufständischen hatten geplant, auch die galizischen Bauern für diesen Aufstand zu gewinnen, was jedoch nicht gelang. Im Gegenteil, ein Teil der Bauern versuchte seine Loyalität gegenüber der Wiener Regierung dadurch zu beweisen, dass sie wirkliche oder vermeintliche Aufständische im Kampf stellten und diese an die österreichische Polizei auslieferten. Sie überfielen zahlreiche Gutshöfe polnischer Adeliger, deren Angehörigen sie misshandelten oder gar töteten. Dieses Blutbad ging in die polnische Geschichte unter dem Namen „Rabacja" ein. Anfang März 1846 wurde die Stadt von russischen, österreichischen und preußischen Truppen besetzt. Im Juli wurden dann die drei Residenten abberufen und im November 1846 folgten schließlich nach Verhandlungen zwischen den drei Teilungsmächten die Aufhebung des Vertrages von 1815 und die Annektierung Krakaus mit Umgebung an Österreich. Die erneute Zugehörigkeit Krakaus zu Österreich führte dazu, dass die deutsche Sprache als Amts- und Unterrichtssprache in Krakau eingeführt und vermehrt deutsch-österreichische Beamte und Universitätsprofessoren mit ihren Familien nach Krakau versetzt wurden.

Die evangelische Gemeinde in Krakau wurde erst 1850 dem Konsistorium in Wien unterstellt. Trotz des vermehrten deutschösterreichischen Einflusses lebten deutsche und polnische Evangelische

---

[15] Człowiek nauki taki jakim był. Pamiętniki profesora Uniwersytetu Jagiellońskiego Fryderyka Hechla [Ein Mensch der Wissenschaften, so wie er gewesen ist. Erinnerungen des Professors der Jagiellonischen Universität Friedrich Hechel], Bd. 2: W Wolnym Mieście Krakowie 1834-1846 [In der Freien Stadt Krakau 1834-1846]), hrsg. von Władysław Szumowski, Kraków 1939, S. 291.

Evangelische Gemeinde in Krakau

verträglich miteinander. Nach 1850 konnte auch aufgrund der guten Zusammenarbeit zwischen Pastor Otremba und Professor Skobel mit dem Bau eines dritten Wohnhauses auf der Grodzka-Straße begonnen werden. Auf der Hauptversammlung der evangelischen Gemeinde am 26. Dezember 1861 machte das Presbyterium den Vorschlag, über die sprachliche Gleichberechtigung in den Gottesdiensten abzustimmen. Von den 26 Anwesenden sprach sich die Mehrheit (26 gegen 10) dahingehend aus, dass ab Ostern 1862 abwechselnd deutsch und polnisch gepredigt und Gottesdienst gehalten werden solle und dass jeweils am ersten Feiertag der hohen Feste Weihnachten, Ostern und Pfingsten sowie am Karfreitag jedes Mal deutscher Gottesdienst stattfinden solle.[16] Dass man um einen Konsens innerhalb der Gemeinde und des Presbyteriums bemüht war, zeigen auch die pragmatischen Beschlüsse während einer der Sitzungen des Presbyteriums. So schlug beispielsweise Pastor Otremba während der Sitzung am 8. März 1865 vor, die unter der Redaktion von Pastor Theodor Haase in Bielitz (Bielsko) erscheinende deutsche evangelische Wochenzeitung *Protestantische Blätter für das evangelische Oesterreich* zu abonnieren, Professor Skobel sprach sich dagegen für die Abonnierung der seit 1862 von Pastor Otto in Warschau herausgegebenen Zweiwochenschrift *Zwiastun Ewangeliczny* (Evangelischer Bote) aus. Um beiden Anträgen gerecht zu werden, entschloss sich das Presbyterium, beide Zeitschriften zu abonnieren.[17]

Von 1852 bis 1861/62 unterrichtete Pastor Otremba dann die deutsche Sprache und Literatur am Technischen Institut in Krakau, nachdem er im selben Jahr seinen Doktortitel an der Jagiellonischen Universität erworben hatte. Zum Technischen Institut, das aus drei Abteilungen bestand, zählte die technische Abteilung, verbunden mit

---

[16] Parafia Ewangelicka w Krakowie [Evangelische Pfarrei in Krakau], Sitzungsprotokolle (Protokoły Posiedzeń) 1861-1873, Protokoll Nr. 4, gezeichnet von dem Vorsitzenden Pastor Dr. A. Otremba und dem Sekretär Gottlob Gebhardt, S. 7-8. Für die Einsicht in die Protokolle sowie Kirchenbücher der evangelischen Gemeinde in Krakau danke ich ganz herzlich Pastor Roman Pracki, der mir den Zugang der in der evangelischen Pfarrei in Krakau aufbewahrten Archivalien freundlicherweise gestattet und mir jegliche Unterstützung bei meiner Aktensuche gewährt hat.
[17] Ebenda, Protokół Nr. 20, gezeichnet von Pastor Otremba und dem Sekretär, diesmal Bogumił Gebhardt (ohne Seitenangabe).

der Handels- und vorbereitenden Realschule, die Abteilung der Schönen Künste sowie die Musikschule. Nachdem Otremba 1834 zum Vorsitzenden des Konsistoriums gewählt worden war, wurde ihm schließlich noch 1870 die Ehre zuteil, zum Senior des Westgalizischen Seniorats gewählt zu werden. In seinem Amt als Pastor und Senior versuchte er zwischen den deutschen und polnischen Gemeindemitgliedern zu vermitteln, deren Verhältnis aufgrund der Diskussion um die Gemeindesprache in den sechziger und siebziger Jahren immer angespannter wurde.

Im Jahre 1867 wurde schließlich eine neue Stelle für einen Vikar und stellvertretenden Pastor eingerichtet, der den immerhin schon 67-jährigen Pastor Otremba in seinem Amt unterstützen und vor allem die polnischen Gemeindemitglieder betreuen sollte.[18] Es handelte sich dabei um Andrzej Glajcar, den Pastor zu Reichsheim-Hohenbach im Kreis Tarnów, der jedoch schon 1870 zum Pastor in Drahomischl (Drahomyšl) in Böhmen berufen wurde. Seine Nachfolger Georg Badura und Wilhelm Peter Angerstein, die wie Pastor Glajcar ebenfalls in der Schule unterrichteten, blieben nur jeweils zwei Jahre in Krakau. Als August Otremba am 2. Dezember 1876 nach schwerer Krankheit in Krakau starb, hatte er fast ein halbes Jahrhundert (47 Jahre) lang die Geschicke der Krakauer evangelischen Gemeinde mit großer Umsicht geleitet. Sein Nachfolger im Amt, Jerzy Gabryś (1840-1906), der aus Końska bei Teschen (Cieszyń) stammte und zuvor als Pastor im westgalizischen Jaroslau (Jarosław) gewirkt hatte, repräsentierte mit seinen 36 Jahren die jüngere Generation evangelischer Pastoren, als er die Krakauer Gemeinde übernahm.[19]

Die Gemeindemitglieder waren meist zweisprachig und stammten aus Galizien, Schlesien, Preußen, Böhmen und Mähren, Ungarn und der Schweiz. Sie waren unter anderem Handwerker, Behörden- und Bahnangestellte, Offiziere und in geringerer Zahl auch Universitätsprofessoren, wie Friedrich Kasimir (Fryderyk Kazimierz) Skobel und Karl (Karol) Hube oder Apotheker, wie Michael (Michał)

---

[18] Kubisz, Szkic (wie Anm. 10), S. 37-39.
[19] Chronik der evangelischen Gemeinde (wie Anm. 1), S. 151-152; Kubisz, Szkic (wie Anm. 10), S. 41-42.

Mohr. Die aus Graubünden stammenden Schweizer Familien Maurizio und Redolfi waren wohlhabende Zuckerbäcker und führten bei der Krakauer Bevölkerung äußerst beliebte Kaffeehäuser auf dem Ringplatz.[20] Im Jahre 1869 zählte die evangelische Gemeinde in Krakau 450, 1880 632, 1890 540, 1900 655 und 1910 1045 Mitglieder.[21]

Eine große Karriere als Wissenschaftler war dem 1806 in Warschau geborenen Professor Fryderyk Kazimierz Skobel vergönnt, der nach dem frühen Tod seines Vaters bei seinem Onkel in Lemberg aufwuchs. Er studierte von 1822 bis 1825 Philosophie an der Lemberger Universität, von 1825 bis 1827 an der Wiener Universität Medizin und beendete sein Medizinstudium in Krakau im Januar 1831. Noch im selben Monat schloss er sich den polnischen Truppen im Königreich Polen an, wo er während des Novemberaufstandes als Bataillonsarzt im Range eines Hauptmannes wirkte. Nach Überschreiten der preußischen Grenze im September 1831 war er zwei Jahre lang in der Nähe von Elbing interniert. Nach seiner Rückkehr nach Krakau im Jahre 1833 kehrte er an die medizinische Fakultät der Jagiellonischen Universität zurück. Er wurde 1834 zum außerordentlichen und 1835 zum ordentlichen Professor ernannt und leitete bis zu seinem Tode im Jahre 1876 den Lehrstuhl für Pathologie, Allgemeine Therapie und Pharmakologie. Neben seiner medizinischen Arbeit und seinen Publikationen setzte er sich insbesondere für die Wiedereinführung des Polnischen als Unterrichtssprache ein. Seine Universitätslaufbahn wurde 1869/1870 mit der Wahl zum Rektor gekrönt. Fryderyk Kazimierz Skobel war der einzige evangelische Professor, der diese Würde in der Geschichte der Universität erhielt. Außerdem widmete er sich auch der Verbesserung der polnischen Sprache im öffentlichen Leben und gab ein dreibändiges Werk unter dem Titel „O skażeniu języka polskiego w dziennikach i w mowie potocznej, osobliwie w Galicji" (1871-1877) [Über die

---

[20] Marek Andrzejewski, Schweizer in Polen. Spuren der Geschichte eines Brückenschlages, Basel 2002 (= Studia Polono-Helvetica, Bd. 4), S. 102-106.
[21] Walter Kuhn, Bevölkerungsstatistik des Deutschtums in Galizien, Wien 1930 (= Schriften des Institutes für Statistik der Minderheitsvölker an der Universität Wien, Bd. 7), Tab. 2, S. 150-155. Nach Kubisz wurden im Jahre 1910 1089 Evangelische in Krakau gezählt, von denen nur 65 evangelisch-reformiert waren.

Verlotterung der polnischen Sprache in den Tageszeitungen und der Umgangssprache, insbesondere in Galizien] heraus. Von 1874 bis 1876 war er Vorsitzender der Sprachkommission der Akademie der Gelehrsamkeit (Komisja Językowa Akademii Umiejętności).[22]

Unter Pastor Jerzy Gabryś, der von 1876 bis zu seinem Tode im Jahre 1906 Pastor der evangelischen Gemeinde in Krakau war, erhielt die polnische Sprache in der Gemeindearbeit wieder eine größere Bedeutung, allerdings wurde die deutsche Sprache nicht verdrängt. Gabryś arbeitete eng mit Pastor Leopold Otto in Warschau zusammen und verfasste häufig Beiträge für den *Zwiastun Ewangeliczny*.

Unterstützt von dem Mitglied des Presbyteriums Józef Friedlein, dem Buchhändler und Verleger sowie Stadtpräsident Krakaus von 1893-1904, konnte ein neues, mehrstöckiges Schulgebäude, das die eingeschossige Schule ersetzte, für die immer größer werdende Anzahl der Schüler errichtet und am 17. September 1900 eingeweiht werden. Die Schule, deren Direktor Paul Theodor Butschek (1855-1922) war, bestand in dieser Zeit aus sechs Klassen, in denen vier Lehrer und drei Lehrerinnen unterrichteten. Unter Direktor Butschek, der seit 1878 die zunächst nur einklassige Evangelische Volksschule leitete, erfuhr die deutsche Sprache wieder einen größeren Stellenwert. Die neue Schule, in der nach wie vor in deutscher und polnischer Sprache unterrichtet wurde, soll zu den besten in der Stadt gezählt haben. Im Schuljahr 1905/06 verfügte die Schule über fünf Klassen mit sieben Jahrgängen. Inspiziert wurde die Schule einmal jährlich von dem Bezirksschulinspektor Juliusz Dobrzański. Auch Kinder der Mitglieder der Krakauer Garnison besuchten die Schule. Der Heeresverwaltung oblag das Aufsichtsrecht über die Schule, das von dem Militäroberintendanten Ludwig Gellert ausgeübt wurde. Der Schulbesuch war für alle Schüler kostenpflichtig, Kinder von Mitgliedern der evangelischen Gemeinde sowie Kinder von Militärbeamten und Offizieren zahlten jährlich 20 Kronen Schulgeld, Kinder von Unteroffizieren waren vom Schulgeld befreit. Andere Kinder

---

[22] Zdzisław Pietrzyk, Poczet rektorów Uniwersytetu Jagiellońskiego 1400-2000 [Die Reihe der Rektoren der Jagiellonischen Universität 1400-2000], Kraków 2000, S. 266.

Evangelische Gemeinde in Krakau

mussten ein Schulgeld von 50 Kronen entrichten.[23] 1908 besuchten insgesamt 214 Kinder die evangelische Schule, von denen 57 evangelischen, 80 römisch-katholischen und 77 mosaischen Glaubens waren.[24]

Der Schuldirektor Butschek gab auch den jährlichen Schulbericht heraus, der neben erbaulichen Geschichten auch Informationen über die Schule, Lehrer und Schüler enthielt. In der Schule wurden neben den kirchlichen Feiertagen auch die mit dem österreichischen Kaiserhause verbundenen Feiern abgehalten, wie die Gedenkfeier für Kaiserin Elisabeth jeweils am 10. September des Jahres und der Namenstag Kaiser Franz Josephs II. am 4. Oktober. Gebührend gefeiert wurde auch das 60-jährige Regierungsjubiläum des Kaisers am 1. Dezember 1908 im Offizierskasino. Anlässlich dieses Jubiläums beschloss die evangelische Gemeinde, eine „Kaiser Franz-Joseph-Stiftung" in Höhe von 8000 Kronen zu gründen, deren Zinsen als Stipendien für evangelische Schüler und Studenten ab 1909/10 verwendet wurden.[25]

Die zunehmende deutsche Orientierung hing anscheinend auch damit zusammen, dass um die Jahrhundertwende einige Mitglieder der Inneren Mission aus Deutschland nach Krakau kamen und dort in den Kreisen der deutschen und polnischen Gemeindemitglieder, die zuvor verhältnismäßig gut miteinander auskamen und um einen Konsens bemüht waren, Streitereien bezüglich der Nationalitätenfrage schürten. Nach dem Tode Pastor Gabryś' im Jahre 1906 versuchten die deutschen Gemeindemitglieder, die in der Minderheit waren, einen Pastor ihrer Wahl durchzusetzen, wofür sie auch Unterstützung seitens des Konsistoriums in Wien erhielten. Bis 1908 blieb die Stelle zunächst unbesetzt, am 12. April wurde dann Pastor Karol Michejda (1880-1945) in das Amt eingeführt, der aus Olbrachcice,

---

[23] Evangelische Schule in Krakau. Bericht für das Schuljahr 1905-1906 (Szkoła Ewangielicka w Krakowie. Sprawozdanie za rok szkolny 1905-1906), S. 13-17. Die Jahresberichte sind in Deutsch, nur die Einschreibebedingungen sind zusätzlich in polnischer Sprache verfasst.
[24] Kubisz, Szkic (wie Anm. 1), 41-43. Seit 1872 gehörte auch die Filialgemeinde in Lednica (Deutsch-Lednice) bei Wieliczka, die zuvor der evangelischen Gemeinde in Neu Gawlow (Nowy Gawłów) bei Bochnia unterstand, zur Krakauer Gemeinde. In Lednica bestand bis 1907 eine eigene evangelische Schule mit polnischer Unterrichtssprache, die jedoch aufgegeben werden musste, da die Gemeinde nicht mehr in der Lage war, sie zu finanzieren.
[25] Kubisz, Szkice (wie Anm. 1), S. 43.

Kreis Teschen, stammte und zuvor als Vikar in Skoczów bei Teschen gewirkt hatte. Er galt in der evangelischen Gemeinde als umstritten, da er Anhänger des polnischen Messianismus war und enge Kontakte mit römisch-katholischen Pfarrern unterhielt. Daher hatte er nicht nur Gegner unter den deutschen Gemeindemitgliedern. Gleich zu Beginn der Amtszeit Pastor Michejdas kam es 1909 zu Meinungsverschiedenheiten über dogmatische Fragen zwischen ihm und den Vertretern der Inneren Mission, die jeden zweiten Donnerstag Bibelstunden abhielten.[26]

Während des Ersten Weltkrieges war auch die evangelische Gemeinde von der Einquartierung von Soldaten betroffen. Die Schule wurde für diesen Zweck geräumt und der Unterricht in andere Räume der Pfarrei verlegt. Der 1902 gegründete Evangelische Frauenverein (Ewangelickie Stowarzyszenie Pań) kümmerte sich um die Pflege der verwundeten Soldaten und das Nähen von Kleidung für die Einquartierten. Zur geistlichen Unterstützung der Soldaten kamen noch zusätzlich die Feldkapläne Pastor Paul Heczko, für die Polen und Deutschen sowie Pastor Zoltán Kun für die Ungarn nach Krakau.

Anlässlich des hundertjährigen Jubiläums der Schenkung der St. Martin-Kirche durch den Krakauer Senat im Jahre 1916, gelobte der Kurator Jan Maurizio, eine Stiftung für Arme der evangelischen Gemeinde in Höhe von 10.000 Kronen innerhalb von drei Jahren zu errichten, was er auch verwirklichte.

Hinsichtlich der Konversionen Evangelischer zum Katholizismus oder Katholiken und Juden zur evangelischen Konfession, kann für die Jahre von 1876 bis 1918 festgestellt werden, dass es zwar insgesamt 222 Austritte (durchschnittlich 4 bis 7/8 Austritte pro Jahr), dagegen aber 385 Eintritte in die evangelische Kirche gegeben hatte. Unter den Eintretenden befanden sich sowohl Katholiken als auch Juden, seit 1914 nahmen die Eintritte im Vergleich zu den vorangegangenen Jahren zu, und erreichten bisweilen 28 Eintritte pro Jahr.[27] Besonders überraschend ist der Übertritt des Sohnes des

---

[26] Ebenda, S. 42-43.
[27] Parafia Ewangelicka w Krakowie, Buch der Übertritte beim evangelischen Pfarramte augsb. Confession in Krakau, angelegt im Jahre 1876, durch Georg Gabryś, Pfarrer der Krakauer evang. Kirchengemeinde seit 24. Juli 1876.

evangelischen Lehrers und Kantors Karl Senft, ebenfalls Karl mit Vornamen, der 1895, als 40-Jähriger zum Katholizismus übertrat.[28] Bis zum Ende des Ersten Weltkrieges konnten die Streitigkeiten innerhalb der evangelischen Gemeinde (auch zwischen dem Presbyterium und dem Pastor) nicht beigelegt werden, was polnischen Stimmen zufolge insbesondere am Verhalten des „Gemeindezirkels" gelegen haben soll, dem man auf polnischer Seite fanatische deutsche Tendenzen sowie religiösen Rationalismus und Liberalismus vorwarf. So habe man in den Bibelstunden nur ungern über Luther gesprochen und seinen Katechismus als veraltet angesehen.[29] Nach 1918 haben sich die nationalen Differenzen zwischen den beiden Gruppen dann noch weiter gesteigert.

---

[28] Parafia Ewangelicka w Krakowie, Księga Rodzin Ewangelickiego Zboru wyznania augsburskiego i helweckiego w Krakowie, [napisał] Ks. Karol Michejda [Buch der Familien der Evangelischen Gemeinde augsburgischer und helvetischer Konfession in Krakau, verfasst von P. Karol Michejda], Kraków 1918.
[29] Kubisz, Szkic (wie Anm. 1), S. 46. „Niedolę wojenną pogłębiały konflikty między Starszyzna, a proboszczem, oraz pastorem, a Kółkiem społecznościowym, w którym coraz więcej zaznaczały się fanatyczne niemieckie tendencje, oraz racjonalizm i liberalizm religijny. Na Godzinach biblijnych niechętnie mówiono o Lutrze, uważano jego Katechizm za przestarzały."

Maria Wojtczak

IDENTITÄTEN UND ALTERITÄTEN DER DEUTSCHEN IN DER
DEUTSCHSPRACHIGEN LITERATUR ÜBER DIE PROVINZ POSEN[1]

Im Jahre 1900 veröffentlichte die „Posener Zeitung" in sieben aufeinander folgenden Nummern einen umfassenden Aufsatz von Oskar Elsner unter dem Titel *Schriftsteller aus und in der Provinz Posen im 19. Jahrhundert*. Elsner berücksichtigte 25 Autoren, doch er unterlag dem Fehler, keine klaren Kriterien für seine Auswahl zu setzen. Ein einziger Autor, der von ihm besprochenen, lebte in der Provinz und schrieb über sie: nämlich der in Gnesen geborene Erich Fließ (1857-1898). Alle anderen haben außer dem Geburtsort, der im gewissen Sinne zufällig war, nichts mit der Provinz gemeinsam, haben auch keinen einzigen Text über sie verfasst.

Die geschichtlich-gesellschaftlichen Fremdheitserfahrungen, die infolge der deutsch-polnischen Nachbarschaft auf dem Gebiet der Provinz Posen im Laufe des 19. Jahrhunderts begünstigt wurden, verursachten die Entstehung einer Provinzliteratur. Im Zeitraum zwischen 1890 und 1918 sind mehr als 60 literarische Texte entstanden, die entweder die Stadt Posen oder die Ortschaften der Provinz zum Schauplatz der dargestellten Ereignisse wählten. Da diese Gebiete im Laufe des 19. Jahrhunderts als Ostmark bezeichnet wurden, war neben der Bezeichnung „deutsche Literatur über die Provinz Posen" auch der Begriff „Ostmarkenliteratur" im Umlauf.

Die meisten literarischen Texte über die Provinz Posen sind mit einem Untertitel versehen, in dem die Autoren selbst die Bezeich-

---

[1] Es ist ein Thema, zu dem bisher schon Einiges veröffentlicht worden ist, doch es kommen immer neue Aspekte hinzu und es bleibt bestimmt ein Thema, welches aus sehr verschiedenen Blickpunkten betrachtet werden kann und welches auf keine Weise abgeschlossen ist. Zwei bisher erschienene Monographien sollten hier erwähnt werden: „Im polnischen Wind" (1988) von Edyta Połczyńska, die die „kulturellen Einzelerscheinungen in der Provinz Posen" erfasst, und dann meine Monographie „Literatur der Ostmark. Posener Heimatliteratur" (1998), die dem Bild der Polen in der Posener deutschen Literatur hauptsächlich gewidmet ist. Umsonst würde man heute nach einer ausführlichen deutschen Literaturgeschichte der Provinz Posen suchen – die grundsätzliche Frage dabei ist, nach welchem Kriterium so eine Geschichte geschrieben werden sollte, ob man Autoren berücksichtigen sollte, die in der Provinz geboren sind oder hier gelebt haben, oder Autoren, die über diese Provinz geschrieben haben und nicht unbedingt aus der Gegend stammen.

nung „Ostmark" gebrauchen. Als Beispiel können zwei Romane von Carl Busse dienen: *Im polnischen Wind* (1906), mit dem Untertitel: *Ostmärkische Geschichten* und *Das Gymnasium von Lengowo. Ein Schulroman aus der Ostmark* (1907), oder der Roman *Deutschkloster* (1900) von Friedrich Paarmann – mit dem Untertitel: *Ein Ostmarkenroman*, oder von Traugott Pilf: *Das bunte Haus. Roman aus der Ostmark* (o.J.).

1. Die Autoren

Unter den Verfassern der behandelten Texte gab es wahrscheinlich zweierlei Akteure: die schriftstellerisch begabten, staatlichen Beamten und die schriftstellerisch begabten Heimatverbundenen. Die ersteren schrieben oft auf Bestellung, letztere im Zuge der damals in der deutschen Literatur herrschenden Strömung der Heimatliteratur und im Kontext des spezifischen Heimatbewusstseins, das sich unter den die Provinz bewohnenden Deutschen entwickelt hat.

Unter den Autoren der als Ostmarkenliteratur klassifizierten Texte gibt es zum Teil wenig bekannte, kaum anerkannte Autoren zahlreicher unterhaltender Romane, wie z.B. Erich Fliess, Annie Bock, Johannes Höffner, Arthur Pachnicke, Armin von Eulendorf, die meistens nur einige Zeit in der Provinz Posen gelebt haben – und aus dieser Erfahrung heraus sich dem Thema der Provinz widmeten, nachdem sie schon einige schriftstellerische Erfolge verzeichnen konnten.

Ein Teil der Autoren hatte einen festen Beruf. Sie waren u.a. als Lehrer, Bibliothekar, Arzt, nicht selten Soldat oder Journalist tätig und schrieben Texte, um dem Ruf des preußischen Staates zu folgen und durch das geschriebene Wort das Deutschtum in der östlichen Provinz zu stärken. Unter den an die 40 „Posener" Autoren insgesamt, gibt es wohl einen einzigen Namen, der in den populären Schriftstellerlexika oder Literaturgeschichtsbüchern zu finden ist, nämlich den der Clara Viebig. Die übrigen sind kaum bekannte, sich nicht selten durch ganz wenige schriftstellerische Aktivitäten auszeichnende Autoren. Clara Viebig (1860-1952), die ihren schriftstellerischen Ruf nicht den ostmärkischen Texten, sondern ihrem

Deutsche in der Literatur der Provinz Posen

gesamten Schaffen verdankt, gehört bekanntlich zu den herausragenden Schriftstellern des Naturalismus und der Heimatliteratur. Ihre Werke, darunter mehr als 20 Romane, gehörten um die Jahrhundertwende zum „eisernen" Bücherbestand des deutschen Bürgerhauses.

Den Beweis dafür, dass die schriftstellerisch begabten Staatsbeamten höchstwahrscheinlich auf Bestellung geschaffen haben, liefern verschiedene Initiativen der preußischen Regierung und der deutschen Vereine, „einen Roman zu schaffen, in dem das Ostmarkenproblem in deutschnationalem Sinne behandelt wird, und der in lebenswahren Farben Land und Leute der Ostmark sowie die schweren Aufgaben schildert, die unseren braven Provinzen im Osten obliegen" (laut einem literarischen Wettbewerb-Aufruf des Ostmarkenvereins, der 1913 von der Berliner Zentrale des Ostmarkenvereins anlässlich des 20-jährigen Stiftungsfestes des Vereins ausgeschrieben wurde)[2]. Die Preise für die eventuellen Gewinner waren enorm hoch.

Erwähnenswert ist hier auch, dass nachdem Clara Viebig 1904 ihren Roman *Das schlafende Heer*, der nicht im Sinne der preußischen Polenpolitik verfasst und von den Kritikern als „Buch der Sorge"[3] bezeichnet wurde, veröffentlicht hatte, der ostmärkische Autor, Arthur Pachnicke, 1908 eine direkte, preußentreue Antwort auf Viebigs Text in Form eines neuen ostmärkischen Romans, betitelt *Auf Posten im Osten*, veröffentlichte.

Auch die Initiative eines literarischen Wettbewerbs fand in einem der Posener Romane ihren Fürsprecher. Albert Liepe schildert in seinem Roman aus den „deutschen Ostmarken", betitelt: *Die Spinne* (1902) eine Versammlung des Ostmarkenvereins, in der der Vorschlag geäußert wird „Dichter im wahren Sinne des Wortes"[4] zu finden und „vaterländisch gesinnte Verleger"[5], die bereit wären, „im aufklärenden Sinne Volkes- und Jugendschriften unterhaltender Art zu schaffen und zu verbreiten"[6].

Der Idee das Deutschtum in der Provinz Posen mittels Literatur zu stärken, diente auch eine Reihe von kulturellen Einrichtungen, die

---

[2] Vgl. Die Ostmark 18 (1913), Nr. 11.
[3] Arthur Eloesser, Neue Bücher, in: Neue Deutsche Rundschau (1904), Nr. 15, S. 697.
[4] Albert Liepe, Die Spinne, Berlin 1902, S.194.
[5] Ebd.
[6] Ebd.

diese Texte popularisierten, wie z.B. die 1902 gegründete Kaiser-Wilhelm-Bibliothek in Posen, deren ursprünglicher Bestand dank massenhafter Bücherspenden aus dem ganzen Deutschen Reich entstand[7], weiter zahlreiche Volks- und Wanderbibliotheken in der ganzen Provinz, auch Zeitschriften, in denen die Texte veröffentlicht wurden, wie z.B. „Aus dem Posener Lande. Monatsblätter für Heimatkunde, Dichtung, Kunst und Wissenschaft des deutschen Ostens" (gegründet 1906) und die „Posener Lehrerzeitung" (gegründet 1902) – beide herausgegeben im Verlag Oskar Eulitz in Lissa, der zugleich der aktivste beim Verlegen der ostmärkischen Romane war.

Die Wanderbibliotheken waren für die Landbewohner bestimmt. Die Kaiser-Wilhelm-Bibliothek in Posen sorgte zentral für die Auswahl der Lektüre für die Landbibliotheken. Eine im Selbstverlag der Kaiser-Wilhelm-Bibliothek veröffentlichte, aus dem Jahre 1911 stammende Zusammenstellung der für die Volksbibliotheken empfohlenen Literatur, besteht aus zwei Teilen: der unterhaltenden und der belehrenden Schriften. Unter den unterhaltenden Schriften (insgesamt 45 Titel) sind ausschließlich ostmärkische Romane, Erzählungen, Novellen, Gedichtsammlungen und ein Drama zu finden. Diese Auswahl umfasst allerdings nicht die zu diesem Zeitpunkt vorhandene gesamte Ostmarkenliteratur. Zweifelsohne waren die Autoren der Liste zugleich Zensoren, die so manchen Text über die Provinz Posen nicht für geeignet hielten, ihn dem Lesepublikum zu empfehlen. Dies galt z.B. unter anderen für den bereits erwähnten Roman von Clara Viebig *Das schlafende Heer*, aber auch für den Roman von Carl Busse *Die Hexe* (1905) oder von Annie Bock *Der Zug nach dem Osten* (1898) und viele andere. Viebig drückte in ihrem Roman zwar Hoffnung auf eine friedliche Lösung des nationalen Konfliktes zwischen den deutschen und den polnischen Bewohnern der Provinz Posen aus, doch zugleich zeigte sie, dass die preußische Ansiedlungs- und Germanisierungspolitik in der Ostmark einen falschen Weg eingeschlagen hat. Viebig bleibt, im Gegensatz zu vielen anderen ostmärkischen Autoren, dem Mythos von der „Deutschen Mission im Osten" fern, neigt sich liebevoll der Landbevölkerung zu und schildert objektiv die Einzelschicksale sowohl der deutschen als

---

[7] Vgl. Die Begründung einer Kaiser-Wilhelm-Bibliothek in Posen, Posen 1904, S. 35.

auch der polnischen Helden ihres Romans und ist kritisch der ungerecht brutalen Germanisierungspolitik im Osten gegenüber. Man kann also vermuten, dass nicht alle Inhalte und Ideen der über die Ostmark Schreibenden den Vorstellungen der preußischen Verwaltung entsprachen. Zwei Faktoren spielten bei der Entstehung der Ostmarkenliteratur eine Rolle: der politische und der künstlerische, doch der erste von den beiden war von einer besonderen Bedeutung.

2. Zur Problematik der Ostmarkenliteratur

Die in den meisten literarischen Texten über die Provinz Posen enthaltenen Visionen und dargestellten Probleme betreffen vier Bereiche des deutsch-polnischen Nebeneinanderlebens in der Provinz.

2.1. Die Frage der Konfession

Am deutlichsten wird in den Texten der nationale Konflikt sichtbar, der mit dem konfessionellen und sprachlichen aufs Engste verbunden war. Deutsch-protestantisch und polnisch-katholisch – so verlief die Trennungslinie, wobei polnischerseits die Angst vor den deutschen Katholiken viel stärker als vor den Protestanten war, weil über die Konfession die Sprache festgelegt wurde, die man gewöhnlich sprach. Umgekehrt, wurden die deutschen Katholiken auf dem Glaubenswege leicht polonisiert. „Polentum und Katholizismus decken sich eben in der Provinz Posen geradeso wie Deutschtum und Protestantismus. Und man staunt die Gewalt an, welche in der Verbindung der katholischen Kirche mit dem Polentum liegt, wenn man es immer wieder beobachten kann, wie es gar nicht lange dauert, dass ein Mensch, der als guter deutscher Katholik in die Provinz kam, schon nach einigen Jahren polnische Neigungen zeigt."[8] Daher wird in der Ostmarkenliteratur so auffallend häufig von den polnischen Geistlichen und den polnischen Gläubigen erzählt, wobei die Polen und ihr katholischer Glaube hauptsächlich als fanatisch, flach, voll Hass gegen den Protestantismus und stets an politischen Konflikten interessiert dargestellt wurden.

---

[8] Caroline von Blanckenburg, Der werfe den ersten Stein, Schwerin 1909, S. 6.

2.2. Rechtfertigungsgedanke

Ein anderes wichtiges Problem scheint für die ostmärkischen Autoren die Überzeugung von der ursprünglichen historischen Zugehörigkeit des preußischen Teilungsgebietes zum Deutschtum zu sein. In mehreren Texten wird auf die „germanische Kraft" hingewiesen, die die einst vernachlässigten Gebiete um Posen aus dem Elend befreit und die Stadt Posen, „von Grund aus eine deutsche"[9] nach dem Magdeburger Städterecht gegründet habe, oder auf „deutsche Bauern und Bürger, die das Wartheufer besiedelten und den Polen eine deutsche Stadt (Posen) aufgebaut haben."[10] Man versucht auch die aktuellen polnischen Familiennamen als einstige deutsche Namen, die lediglich polonisiert worden seien, zu interpretieren[11], schließlich auch die Überzeugung durchzusetzen, dass Polen vor Jahren seine Mission verkannt hätte und protestantisch sein solle.[12] Damit hängt auch die gerne gewählte Thematisierung des gegen die Fremden gerichteten Freiheitskampfes der Polen zusammen, die die polnischen Aufstände, besonders von 1830 und 1864 entsprechend kritisch schildert.

Manche Untertitel der ostmärkischen Romane haben die Absicht, die Anwesenheit der Deutschen im Posener Land geschichtlich zu begründen: Margarete von Wittens Roman *Nach Ostland wollen wir reiten* heißt im Untertitel *Geschichtlicher Roman aus polnischer Zeit*, Ernst Belows *Ostmark und Krummstab – geschichtlicher Roman aus polnischer Zeit* oder Arnim Eulendorfs *Vergiftete Seelen – historischer Roman*.

---

[9] Paul Burg, Die Geschichten der Lena Kalinska, Leipzig 1915, S. 234.
[10] Ebd., S. 231.
[11] Berthold Rasmus, Diasporafahrten, Leipzig o. J., S. 134.
[12] Ernst Below, Ostmark und Krummstab, Berlin o.J., S. 103.

2.3. Hebung der Wirtschaft

Der dritte Schwerpunkt wird auf die Wirtschaft und Ökonomie gelegt, auf die große Aufgabe der Deutschen, ihre Mission im Osten zu verwirklichen. „Schaffen, wirken! Hier war eine große Aufgabe. Hier waren Schwierigkeiten zu überwinden (...) gerade das reizte!"[13]

Es werden die gegenseitigen Beziehungen der Deutschen und Polen im Bereich der Landwirtschaft, in den Ämtern, ganz besonders in der Schule geschildert, die Aufgaben der Deutschen als Fortschrittsträger, die dem rückständigen polnischen Volk beibringen, wie es zu wirtschaften hat. „Ein Sämann sein, der den Samen streut, der den Acker erst gewinnen muss. Ein Kulturträger und Eroberer, der für sein Vaterland arbeitet."[14] Die „polnische Wirtschaft" wird nicht nur zum ununterbrochen herbeigerufenen Argument gegen die Selbständigkeit der Polen, zum Sprichwort und zur Parole, zum Titel (wie im Falle des 1896 in Berlin veröffentlichten Romans von Oskar Höcker), sondern auch zur Begründung für die deutsche Anwesenheit in Posen.

2.4. Das deutsch-polnische Nebeneinander

Zu einem nicht weniger gerne behandelten Thema gehören die alltäglichen zwischenmenschlichen, deutsch-polnischen Beziehungen in der Hauptstadt und in den kleinen Ortschaften der Provinz.

Es wird von den mentalen und kulturellen Unterschieden berichtet, ein besonderes Anliegen sind den Autoren die deutsch-polnischen Mischehen. Für viele deutsche Ansiedler waren nämlich die polnische Kultur und die polnischen Bräuche attraktiv und aus der Angst heraus, sie könnten von den Deutschen übernommen werden, entstanden wohl viele aggressive Aussagen über die polnische Kultur. „Wir sind hier alle verpolakt. (...) Man muss darauf achten, dass die Deutschen erst gar nicht in dieses polnische Wesen hineingeraten. Es geht einem so angenehm ein, wie der geeiste Ungar, das kalte Feuer – oder die blanken, glitschigen Schnäpse. Mögen unsere Ein-

---

[13] Carl Busse, Das Gymnasium zu Lengowo, Stuttgart 1907, S. 7.
[14] Ebd., S. 11.

wanderer beim soliden deutschen Bier bleiben, wenn auch die Spirituosenbrennerei darunter leidet."[15]

Die Intensität, mit der die einzelnen Probleme angesprochen werden, bestätigt die These der Historiker[16], dass das am schwierigsten zu überwindende Hindernis in dem Akkulturationsprozess zwischen den Deutschen und Polen in der Provinz Posen die Konfession und erst dann die nationale Zugehörigkeit bildete. Der Ausgangspunkt in dem Kampf der nationalen Gegensätze war für die Deutschen die Überzeugung, sie müssen entschieden „zeigen, dass die geistigen und moralischen Kräfte auf (ihrer) Seite die stärkeren sind".[17] Und eben dieser Aufgabe wollte die gesamte Ostmarkenliteratur dienen. Annie Bock formuliert es in ihrem Roman *Der Zug nach dem Osten* (1898) wie folgt: „Die Schwachen – die moralisch schwachen – in diesem endlosen Kampf um die Güter dieser Erde müssen unterliegen. (...) Allein der starke Geist, die machtvolle Energie, die rücksichtslose Kraft führt ungehindert zum Ziele."[18]

Aus dieser Spannung heraus entstanden die in der Ostmarkenliteratur mit Vorliebe vervielfältigten Stereotype sowohl über die polnische als auch über die deutsche Nation. Diese Literatur bildet eine Fundgrube von deutsch-polnischen Stereotypen und gewinnt deswegen den Charakter einer trivialen, im Auftrage der preußischen Obrigkeit verfassten Lektüre. Doch es wäre zu einfach, diese Literatur nur als solche abzustempeln. Sie spiegelt die Zeit, in der sie entstanden ist, wenn auch tendenziös, wider; sie zeigt die Stimmungen, die Spannungen, die Sehnsüchte und Bedürfnisse ihrer Zeit.

3. Die literarischen Ausdrucksmittel

Von besonderem Wert für die heutigen Forscher können manche schriftstellerischen Strategien der ostmärkischen Autoren sein. In ihren Texten lässt sich ohne weiteres das Wunschdenken von der Realität unterscheiden. Die Proportionen zwischen den beiden sind

---

[15] Marianne Mewis, Der große Pan, Dresden 1908, S. 430.
[16] Vgl. Witold Molik, Robert Traba, Procesy akulturacji i asymilacji na pograniczu polsko-niemieckim w XIX i XX wieku, Poznań 1999, S. 136.
[17] Die Begründung der Kaiser-Wilhelm-Bibliothek in Posen, Posen 1904, S. 35.
[18] Annie Bock, Der Zug nach dem Osten, Berlin 1898, S. 392.

wesentlich gestört zugunsten des Wunschdenkens, was auch typisch für die triviale und anspruchslose Unterhaltungsliteratur ist. Der ganze Bereich der Propaganda, der extrem ausgebauten Stereotype über die Polen, der übertriebenen Werbung für das Deutschtum gehört dem Wunschdenken an und ergibt sich aus den verborgenen Bedürfnissen und nicht selten unterdrückten „schwachen Stellen" in dem preußischen System. Polens Erfolge riefen preußische Kritik hervor. Der Mechanismus war einfach: war die polnische Frau eine tapfere Patriotin und eine gute Mutter – wurde sie in den ostmärkischen Romanen als zwar schöne Polin dargestellt, dafür aber als eine schmutzige, unehrliche und mit einem schlechten Charakter ausgestattete Person, die zusammen mit den fanatischen polnischen Priestern gegen die Deutschen kämpft.

Die Realität zeigt sich in den ostmärkischen Texten in mehreren Bereichen. Zum Beispiel in der Verwendung der polnischen Sprache. Die Schreibenden, des Polnischen kaum mächtig, verwenden die polnische Sprache auf eine sehr unkorrekte Weise, sie wird aber gerne und häufig in den Mund der sonst deutsch sprechenden Romangestalten gelegt. Die Autoren wollten wohl auch damit beweisen, dass sie gut und gründlich das Volk, sein Leben und seine Probleme kennen und damit das Geschriebene glaubwürdig machen. Sogar die Titel der Romane enthalten nicht selten polnische Worte: eine Novelle von Erich Fließ heißt *Der Proboszcz* (Der Probst), ein Roman von Marianne Mewis: *Der große Pan* (Der große Herr), ein Roman von Fritz Döring: *Jadwiga* (Hedwig).

Die Handlung der Romane spielt sich fast ausschließlich in Ortschaften ab, die es tatsächlich gibt, die beim Namen (dem deutschen oder dem polnischen) genannt werden, deren Lage geographisch perfekt im Text geschildert wird. Höffners Novelle *Der Sinn des Lebens* (1908) spielt in Myślęcinek, Höckers *Polnische Wirthschaft* (1896) in Blizanów, Blanckenburgs *Der werfe den ersten Stein* (1910) in Cerekwica, Werners *Wiedersehen* (o.J.) – in Żoń. Es könnten hier sehr viele Titel und Orte der gesamten Provinz Posen erwähnt werden.

Mit einer ausgesprochenen Vorliebe wird die Topographie der einzelnen Ortschaften und Gebiete geschildert, in denen die Verfasser die Helden und Akteure der Romane platzierten. Anscheinend war es auch eines der Mittel, die Glaubwürdigkeit des Dargestellten, also auch der dargestellten Wunschvorstellungen zu steigern. Die gründliche Kenntnis und realistisch-detaillierte Wiedergabe der Landschaft, Entfernungen, der Wege, der Bauten, Objekte, Denkmäler, sogar der Pflanzen, Gewässer und Wälder bis zu der ideal getreuen Wiedergabe der Ortschaftsnamen ist beeindruckend.

An einem Beispiel soll dies gezeigt werden. In dem Roman Clara Viebigs wird auf den ersten 40 Seiten von der Fahrt eines deutschen Ansiedlers aus der Rheingegend zuerst nach Posen, dann in eine Kreisstadt und weiter hinaus in ein Dorf berichtet, wo er von nun an ein von der Ansiedlungskommission vermitteltes Gut bewirtschaften soll. Der Leser erfährt der Reihe nach, dass der Ansiedler an vier Ortschaften vorbeifährt, eine Bahnstrecke überquert, am Wege eine Heiligenfigur sieht, er erfährt auch von zahlreichen Details: wo die Pappeln wachsen und wo der Mais, wo Zuckerrüben und wo der Weizen auf den Feldern angebaut werden. An zwei Informationen ist die von Viebig so präzise dargestellte Strecke eindeutig zu identifizieren. Die Autorin erwähnt nämlich, dass ihr Held auf dem Wege von der Kreisstadt, den er mit einer Kutsche bewältigt, die ganze Zeit im Hintergrund die Türme des Domes sehen konnte und gegen Mittag in einer Ortschaft ankam, in der es eine schwarze Kirche mit Glockenturm gegeben hat. Die Autorin nennt die Ortschaft mit dem fiktiven Namen: Pociecha. In ihren früheren Erzählungen aus der Provinz Posen, in der Sammlung: *Die Rosenkranzjungfer* (1902), erwähnt Viebig eine „schwarze Kirche" im Dorf Sokolnik.

Viebigs Biographie ist zu entnehmen, dass sie ihre Sommerferien bei ihrer Familie in der Umgebung von Gnesen verbrachte, der ersten Hauptstadt Polens und dem Sitz des polnischen Primas. In Gnesen gibt es, wie bekannt, den berühmten Dom. Somit ist die Strecke Posen-Gnesen-Sokolniki als die von Viebig im Roman geschilderte festgelegt, auch wenn die Autorin die einzelnen Ortschaften unterwegs anders genannt hat.

Wie mit einem Reiseführer kann man sich mit Viebigs Roman in der Hand auf den Weg von Gniezno/Gnesen in die kleine nördlich von Gniezno gelegene Ortschaft Sokolniki begeben. Es reicht, sich

Deutsche in der Literatur der Provinz Posen

unterwegs mehrmals umzudrehen, um erstaunt festzustellen, dass über den Rüben- und Weizenfeldern kilometerweit entfernt der Gnesener Dom zu sehen ist. An vier Ortschaften vorbei, kommt man schließlich in Sokolniki an, wo es ... eine sehr schöne, aus dunklem, fast schwarzem Holz gebaute Kirche gibt. Die Kirche stammt aus dem 18. Jahrhundert, in ihrer direkten Nachbarschaft befindet sich das aus Klinkerstein gebaute Pfarrhaus, um die Kirche herum ein Friedhof.

In dem Roman spielt die „schwarze Kirche" eine wichtige Rolle, hier versammeln sich die polnischen Ortsbewohner, hier beten die polnischen Frauen, von denen der Roman erzählt. In dem Pfarrhaus wohnen zwei polnische Priester: Stachowiak und Górka, Anführer der polnischen Aufständischen. Heute, wenn man an der Tür des Pfarrhauses steht, hat man den Eindruck, gleich müssten der Propst Stachowiak und sein Vikar Górka die Tür aufmachen... Neugierig, ob es tatsächlich so, wie in Viebigs Roman in der Holzkirche auch schwarz-weiße Fliesen auf dem Boden gibt, stellt man erstaunt fest: ja, wirklich, es gibt sie!

Es hat sich in der Provinz Posen unter den deutschen Bewohnern ein spezifisches Bewusstsein entwickelt. Auf der einen Seite wollten die Autoren der Ostmarkenliteratur den politischen Zwecken dienen, die gängigen stereotypen Vorstellungen von den Polen verbreiten, um dem Deutschtum in Posen den Weg zu ebnen, auf der anderen Seite aber konnten sie sich nicht enthalten, über dieses Land zu erzählen, zu verraten, wie gut sie diese Gegend kannten und wie sehr, auch wenn sie es nicht direkt gestanden, diese Landschaft ihnen ans Herz gewachsen war. Nach 1918 war bei den von hier abgewanderten Deutschen eine deutliche Anhänglichkeit an die Provinz zu beobachten. Diese Anhänglichkeit an die Provinz Posen ist schon in der zwischen 1890 und 1918 entstandenen Ostmarkenliteratur deutlich erkennbar.

Lars Jockheck

„HERRENVOLK" UND „KONJUNKTURRITTER".

BILDER DER NS-PROPAGANDA VON DEUTSCHEN
IM „GENERALGOUVERNEMENT" 1939-1945

Über die Deutschen im besetzten Polen während des Zweiten Weltkrieges, ihre Lebensverhältnisse, Handlungsmotive, Überzeugungen und Stimmungen weiß die historische Forschung bislang recht wenig. Das gilt auch und gerade für das so genannte Generalgouvernement, jenen zentralen Teil Vorkriegspolens, der nach Hitlers Willen nicht vom Deutschen Reich annektiert, sondern als besetztes Gebiet einer Zivilverwaltung unterstellt worden war.[1] Die deutsche Besatzungsverwaltung unterteilte die Bevölkerung des Generalgouvernements in nach völkisch-rassistischen Kriterien unterschiedlich bewertete „Volksgruppen": Deutsche, „Fremdvölkische" (Polen, Ukrainer, Goralen) sowie Juden.[2] Selbst die Angehörigen der am höchsten bewerteten und in vielerlei Hinsicht privilegierten deutschen Volksgruppe erfuhren jedoch keine einheitliche Behandlung, denn neben der Abstammung entschieden auch politische, kulturelle und soziale Kriterien über unterschiedliche Rechte und Pflichten. Diese Heterogenität sowie die politisch und militärisch bedingte hohe Fluktuation der Deutschen im Generalgouvernement erschweren die Forschung zu ihrer Geschichte erheblich.[3]

---

[1] Vgl. die Zusammenfassung der Forschungsergebnisse zur deutschen Besatzungsherrschaft allgemein bei Hans-Jürgen Bömelburg / Bogdan Musial, Die deutsche Besatzungspolitik in Polen 1939-1945, in: Deutsch-polnische Beziehungen 1939-1945-1949. Eine Einführung, hrsg. v. Włodzimierz Borodziej / Klaus Ziemer, Osnabrück 2000, S. 43-111.

[2] Das für die Besatzungspolitik grundlegende Konzept einer völkisch-rassistischen „Neuordnung" Europas stellte Hitler in seiner Reichstagsrede zum offiziellen Ende des Krieges gegen Polen vor; siehe Michael Wildt, „Eine neue Ordnung der ethnographischen Verhältnisse". Hitlers Reichstagsrede vom 6. Oktober 1939, in: Zeithistorische Forschungen/ Studies in Contemporary History 3 (2006), H. 1, S. 129-137.

[3] Eine sozialgeschichtliche Sicht auf die NS-Besatzungspolitik bietet Czesław Łuczak, Polska i Polacy w drugiej wojnie światowej, Poznań 1993, S. 89-506; speziell zur rassistischen Politik im Generalgouvernement (im Folgenden: GG) siehe Michael G. Esch, „Gesunde Verhältnisse". Deutsche und polnische Bevölkerungspolitik in Ostmitteleuropa 1939-1950, Marburg 1998, S. 37-45, 96-102, 151-160, 246-251 und 340-359; Isabel Heinemann, „Rasse, Siedlung, deutsches

Im Folgenden soll daher nur ein kleiner Aspekt dieser Geschichte näher betrachtet werden: das Bild, das die NS-Pressepropaganda von den Deutschen im Generalgouvernement zeichnete. Dabei kann es weniger um Einblicke in reale Verhältnisse gehen, sondern vielmehr um eine Rekonstruktion idealer Vorstellungen vom Leben, Handeln und Denken der Deutschen im besetzten Gebiet. Die Frage ist, welche Vor- und Leitbilder die Propaganda ihrem Publikum zu vermitteln versuchte.

Da Radio und Kino im Generalgouvernement wenig verbreitet waren, blieb die Presse das wichtigste Propagandainstrument des Besatzungsregimes. Um der polnischen Intelligenz jede legale Artikulationsmöglichkeit zu nehmen, waren bereits im Herbst 1939 auf Hitlers Geheiß in einem beispiellosen Akt die Strukturen der polnischen Vorkriegspresse nahezu vollständig zerstört worden. An ihre Stelle trat eine traditionslose Besatzungspresse, die in wirtschaftlicher, personeller und inhaltlicher Hinsicht zunächst ausschließlich Deutsche leiteten und lenkten. Ausnahmen gab es nur für wenige ukrainische, jüdische und schließlich auch polnische Journalisten und Verleger, die bereit waren, mit dem Besatzungsregime zu kooperieren und sich seiner strengen Zensur zu unterwerfen. Hier interessiert jedoch nur derjenige Teil der Besatzungspresse, der an die deutsche Bevölkerung gerichtet war und deren Selbstbild beeinflussen sollte.[4]

Als erstes deutsches Presseorgan im Generalgouvernement erschien in Krakau, am Sitz der zentralen Besatzungsbehörden, seit dem 12. November 1939 die „Krakauer Zeitung". Das Blatt war als repräsentatives Sprachrohr des von Generalgouverneur Hans Frank geleiteten Besatzungsregimes konzipiert. Es richtete sich in erster Linie an die Angehörigen der Besatzungsmacht selbst. Dabei handelte es sich um aus militärischen, politischen oder ökonomischen Gründen ins Generalgouvernement geschickte Deutsche aus dem so

---

Blut". Das Rasse- und Siedlungshauptamt der SS und die rassenpolitische Neuordnung Europas, Göttingen 2003, S. 357-415.

[4] Siehe dazu jetzt Lars Jockheck, Propaganda im Generalgouvernement. Die NS-Besatzungspresse für Deutsche und Polen 1939-1945, Osnabrück 2006, hier bes. S. 91-134. Die folgenden Quellenzitate und -belege sind dieser meiner Dissertation entnommen; dort wird das Propagandabild der „Volksdeutschen" darüber hinaus im Zusammenhang mit dem der anderen „Volksgruppen" im GG analysiert; siehe ebd., S. 248-332.

genannten „Altreich", aber auch Österreicher und Angehörige der deutschen Minderheiten aus der Tschechoslowakei sowie aus den nicht zum Generalgouvernement gehörenden Teilen Polens. Letztere hatten den geringsten Anteil an dieser Gruppe, waren aber wegen ihrer Landes- und Sprachkenntnisse besonders wichtig für die praktische Umsetzung der Besatzungspolitik. Zur Besatzungsmacht gehörten neben mehreren hunderttausenden Soldaten der Wehrmacht, vielen zehntausenden Angehörigen von Polizei und SS auch das nach Zehntausenden zählende Führungspersonal von Bahn und Post, der zentralen, regionalen und kommunalen Verwaltung, von Rundfunk, Film und Presse sowie hunderte so genannte „Treuhänder" und deren Angestellte, die die Geschäfte ehemals jüdischer und polnischer Unternehmen führten.[5] Vor allem die zuletzt genannten administrativen und ökonomischen Funktionseliten des Besatzungsregimes, die oft jahrelang im Generalgouvernement blieben, waren die Hauptadressaten der „Krakauer Zeitung".

Anders als in den annektierten nord- und westpolnischen Gebieten konnte die Besatzungsmacht im Generalgouvernement nicht auf bestehende Traditionen einer deutschen Minderheitenpresse zurückgreifen.[6] Erst die Erkenntnis, dass sich die dortige kleine, heterogene Minderheit der „Volksdeutschen" und „Deutschstämmigen" nicht ohne weiteres zusammenfassen und in die vom Besatzungsregime propagierte große „Volksgemeinschaft" integrieren ließ, führte zu eigens auf deren Bedürfnisse abgestimmte propagandistische Angebote. Dazu gehörten die seit April 1941 auf Initiative der SS herausgebrachten „Kolonistenbriefe/Listy Kolonistów", die sich in einfachster deutscher und polnischer Sprache sowie mit vie-

---

[5] Zu den ungenauen und stark schwankenden Zahlenangaben über die Bevölkerung im Generalgouvernement (GG) und deren Zusammensetzung siehe Czesław Madajczyk, Die Okkupationspolitik Nazideutschlands in Polen 1939-1945, Berlin (Ost) 1987, S. 233-260; Łuczak, Polska (wie Anm. 3), S. 193-196. – Der Einfachheit halber und mangels eines wertneutralen Sammelbegriffs werden die Angehörigen der Besatzungsmacht im Folgenden „Besatzer" genannt.
[6] Zur Presse der deutschen Minderheit in Polen während der Zwischenkriegszeit siehe Tadeusz Kowalak, Prasa niemiecka w Polsce 1918-1939. Powiązania i wpływy, Warszawa 1971, bes. den Ausblick auf die Verhältnisse während des Krieges und der Besatzung, ebd., S. 349-352. Diese Presse hatte ihre Schwerpunkte in den Wojewodschaften Pommern, Posen und Schlesien; zum Stand im Frühjahr 1939 vgl. Handbuch der deutschsprachigen Zeitungen im Ausland, 2. Aufl., hrsg. v. Walther Heide, Essen 1940, hier S. 181-199.

len Bildern an die ländliche, deutschstämmige Bevölkerung im Distrikt Lublin richteten. Das Anliegen dieses Blattes war es, wenigstens Grundzüge eines von Rasse- und Siedlungspolitikern der SS konstruierten „Deutschtums" im Bewusstsein der Betroffenen zu verankern. Etwas anspruchsvoller konzipiert war die „Deutsche Gemeinschaft", eine „Wochenschrift für die Siedlungsdeutschen im Generalgouvernement", die seit April bzw. September 1942 für die Distrikte Radom bzw. Warschau erschien. Dieses Blatt brachte neben lokalen und regionalen Nachrichten und Bekanntmachungen zum Teil auch sprachlich vereinfachte Artikel aus der „Krakauer Zeitung". Beide Ausgaben der „Deutschen Gemeinschaft" erschienen im Auftrag der örtlichen NSDAP-Standorte.[7] Die Partei, zu deren Aufgaben auch die „Betreuung" der Volksdeutschen gehörte, gab in Krakau noch zwei weitere propagandistisch bedeutsame Zeitschriften heraus: die als „Schulungsblatt" konzipierte Monatsschrift „Das Vorfeld" sowie das seit Juni 1943 erscheinende Wochenblatt „Deutsche Wacht".[8]

Die herablassende, paternalistische Haltung, wie sie in der Pressepolitik der Besatzer gegenüber den einheimischen Deutschen zu Tage trat, war ganz allgemein für die Wahrnehmung und Behandlung dieses Teils der deutschen Minderheit in Polen charakteristisch.[9] Öffentliche Beachtung und Anteilnahme hatte im Reich vor allem die deutsche Minderheit in Nord- und Westpolen gefunden; im Sommer 1939 war ihre Lage im Vorfeld des Krieges Gegenstand einer regelrechten Propagandakampagne.[10] Die Deutschen in Pommerellen, Posen und Oberschlesien hatten bis zum Ende der Teilungen politisch, wirtschaftlich wie auch kulturell dominiert, waren im Zeichen des Nationalismus gut organisiert und hatten in der Zwischenkriegszeit vielfältige Hilfen und Subventionen aus dem Reich erhalten. Auch in Lodz und Lemberg verfügte die städtische

---

[7] Jockheck, Propaganda (wie Anm. 4), S. 98f.
[8] Ebd., S. 96-98.
[9] Zur Situation der einheimischen Deutschen im Generalgouvernement siehe den aus publizierten deutschen Quellen erarbeiteten Überblick von Wilfried Gerke, Beiträge zur Geschichte der Deutschen in Polen während des Zweiten Weltkriegs 1939-1945, Herne 2004, S. 76-107.
[10] Siehe hierzu ausführlich Thomas Kees, „Polnische Greuel". Der Propagandafeldzug des Dritten Reiches gegen Polen, Saarbrücken 1994 (unveröffentlichte Magisterarbeit).

NS-Bilder von Deutschen im Generalgouvernement

deutsche Minderheit über eigene Verbände, Schulen und Presseorgane. Dagegen galten die von diesen Bindungen kaum erfassten Deutschen aus den ländlichen Gemeinden und Provinzstädten in Zentral-, Süd- und Ostpolen grundsätzlich als rück- und randständig. Solche Defizite beklagten völkische Forscher und Politiker aus dem Westen des Landes wie Kurt Lück, Viktor Kauder, Walter Kuhn oder Alfred Karasek, die seit Ende der 1920er Jahre überhaupt erst die verstreuten Menschen deutscher Herkunft in der polnischen Provinz „entdeckt" hatten. In ihrer Wahrnehmung gingen soziale und kulturelle Rückständigkeit mit dem fast vollständigen Fehlen einer modernen, im Wesentlichen national bestimmten Identität einher. Die nationalsozialistischen Propagandisten im Generalgouvernement griffen dieses Bild auf, versuchten aber, ihm positive Aspekte abzugewinnen. Zum ersten Mal wurde dies im Zuge der Kampagne deutlich, die im Winter 1939/40 die „Umsiedlung" der „Wolhyniendeutschen" aus dem sowjetisch besetzten Südostpolen über das Generalgouvernement bis in die vom Reich annektierten polnischen Gebiete begleitete.[11] Die bei der gesamten Aktion federführende SS zeichnete in ihrer Propaganda anhand von Äußerlichkeiten das Wunschbild einer einfachen, ja primitiven, aber im Kern „gesunden" volksdeutschen „Bauernrasse": „prächtige Männergestalten", hübsche „Mädel" und vor allem zahlreiche Kinder.[12]

Bereits Ende September 1939 gaben die Besatzer in Krakau den Anstoß zur Bildung einer ersten „volksdeutschen Ortsgruppe". Damit begann „eine gründliche und umfassende Volkstumsprüfarbeit", um angeblich zahlreiche „Konjunkturritter" auszuschließen.[13] Denn mit der Anfang 1940 eingeführten amtlichen „Kennkarte", die jeder, der sich als Deutscher ansah, beantragen konnte, waren vielfältige Privi-

---

[11] Siehe z.B. Wolfgang Kessler, Die Deutschen im polnischen Westwolhynien (1921-1939/40) in der historischen Forschung, in: Nordost-Archiv N.F. 9 (2000), S. 449-457; ausführlich hierzu: Wilhelm Fielitz, Das Stereotyp des wolhyniendeutschen Umsiedlers. Popularisierungen zwischen Sprachinselforschung und nationalsozialistischer Propaganda, Marburg 2000, bes. S. 101-160.
[12] Günther Bergemann, „Der Führer rief uns heim ins Reich", in: Krakauer Zeitung (im Folgenden: KrZ), Nr. 7, 10.1.1940, S. 3. Siehe auch Ders., Rückgeführte – wertvoller Blutstrom ins Reich, in: KrZ, Nr. 12, 16.1.1940, S. 3; Ders., Alle Wolhyniendeutschen zurückgeführt, in: KrZ, Nr. 22, 27.1.1940, S. 1.
[13] N.N., Die volksdeutsche Ortsgruppe Krakau steht, in: KrZ, Nr. 12, 16.1.1940, S. 5.

legien verbunden – vor allem, was die Versorgung anging. Die Propaganda nannte dieses Dokument deshalb eine „Ehrenkarte", für deren Erwerb der Nachweis deutscher Abstammung nicht ausreiche. Auch eine entsprechende „Haltung, Erziehung oder sonstige Umstände" müsse jeder Antragsteller belegen. Es fehlte auch nicht die Warnung, schon die versuchte „Erschleichung" dieses Ausweises werde mit Zuchthaus bestraft.[14]

Dennoch waren die Kriterien offenbar nicht allzu streng, denn in ihrem internen Schrifttum ging die Besatzungsverwaltung davon aus, sie habe es weitgehend mit einem „Konjunkturdeutschtum" zu tun,[15] dem materielle Vorteile über nationale Bekenntnisse gingen. Aus Sicht vieler Besatzer war von den registrierten Volksdeutschen schließlich sogar als dem „sozialen und moralischen Abschaum der einheimischen Bevölkerung" die Rede.[16] Allerdings hatten die Besatzer selbst ein unmittelbares Interesse an der Registrierung der Volksdeutschen. Es ging um die Verstärkung des deutschen Repressions- und Militärapparates. Dies zeigte sich schon frühzeitig, als im Frühjahr 1940 aus dem anfänglichen volksdeutschen „Selbstschutz" der so genannte „Sonderdienst" als reguläre Hilfspolizei hervorging[17] und als im Sommer desselben Jahres die Werbung für freiwillige Wehrmachtrekruten unter den Volksdeutschen begann.[18]

Die Aufrufe zur Registrierung der Volksdeutschen zeitigten unter diesen Umständen eher bescheidene Ergebnisse. Im Sommer 1940 wurden weniger als 85.000 Kennkarten ausgegeben. Deshalb

---

[14] [Anton] H[eiß], Kennkarte für deutsche Volksangehörige, in: KrZ, Nr. 30, 6.2.1940, S. 6. Zur Bewertung der Anträge siehe [Werner] S[i]e[redzki], Der Geist und die Haltung entscheiden, in: KrZ, Nr. 53, 3.3.1940, S. 5; Ders., 25.000 Chelmer Volksdeutsche fanden heim, in: KrZ, Nr. 82, 9.4.1940, S. 6.
[15] Biblioteka Jagiellońska, 794541 III, 443: Helmuth Gauweiler, Unterabteilung Propaganda, in: Grundlage und Aufgaben des Propagandaamtes, Krakau 1940, S. 9-33, hier S. 12.
[16] Der Befehlshaber der Sicherheitspolizei und des SD im GG, Meldungen aus dem Generalgouvernement für die Zeit vom 1. bis 30. September 1943, 7.10.1943, in: Regimekritik, Widerstand und Verfolgung in Deutschland und den besetzten Gebieten. Meldungen und Berichte aus dem Geheimen Staatspolizeiamt, dem SD-Hauptamt der SS und dem Reichssicherheitshauptamt 1933-1945, hrsg. v. Heinz Boberach, München 1999-2001, Fiche P 0379-P 0428, hier P 0418.
[17] Zur Darstellung von Selbstschutz bzw. Sonderdienst siehe Jockheck, Propaganda (wie Anm. 4), S. 248f. Vgl. Christian Jansen / Arno Weckbecker, Der „Volksdeutsche Selbstschutz" in Polen 1939/40, München 1992, S. 71-78 und 195-197; Gerke, Beiträge (wie Anm. 9), S. 100f.
[18] Zu den entsprechenden Aufrufen siehe Jockheck, Propaganda (wie Anm. 4), S. 249.

ging die Suche nach Menschen deutscher Abstammung weiter. Doch gleichzeitig wurden mehr als 30.000 Volksdeutsche aus den Distrikten Lublin und Warschau in die vom Reich annektierten polnischen Gebiete transferiert, wo die Siedlungspolitiker der SS bessere Chancen für deren Regermanisierung sahen. Mit der Eingliederung des neuen Distrikts Galizien ins Generalgouvernement im Sommer 1941 stieg die Zahl der anerkannten Volksdeutschen dann wieder auf ungefähr 100.000. Im Herbst 1941 schuf die Besatzungsverwaltung zudem einen eigenen Ausweis für „Deutschstämmige", wodurch nun auch jene Personen erfasst werden sollten, die seit Generationen in polnischer Umgebung lebten und sich ihrer deutschen Abstammung allenfalls noch rudimentär bewusst waren. Deshalb informierte über die neuen Ausweise, die als eine Art Vorstufe zur Kennkarte gedacht waren, auch eine kurze Notiz in der polnischsprachigen Besatzungspresse.[19] Bei den in der Regel nicht aus Initiative der Betroffenen erfolgten Prüfungen der Volkszugehörigkeit erhielten bis 1943 von angeblich fast 69.000 Deutschstämmigen nur 4.500 volksdeutsche Kennkarten, etwa 36.000 erhielten Ausweise als Deutschstämmige, fast 30.000 wurden abgelehnt und mussten mit ihrer Vertreibung oder Schlimmerem rechnen.[20] Auch wenn zu berücksichtigen ist, dass nur Jugendliche und Erwachsene registriert wurden, zählte die Gruppe Einheimischer im Generalgouvernement, die von den Besatzern mehr oder weniger als Deutsche klassifiziert wurden, allenfalls zwischen 100.000 und 200.000 Menschen. Gemessen an der Zahl der Gesamtbevölkerung des Generalgouvernements handelte es sich also um eine Minderheit mit einem Anteil von etwa einem Prozent.[21]

Dennoch spielte diese Minderheit keine geringe Rolle für die nationalsozialistische Propaganda im Generalgouvernement. Sie lie-

---

[19] Siehe N.N., Ausweis für Deutschstämmige im Generalgouvernement, in: KrZ, Nr. 272, 18.11.1941, S. 5; N.N., Legitymacje dla osób pochodzenia niemieckiego, in: Goniec Krakowski, Nr. 276, 23.11.1941, S. 6. Die Zahlenangaben folgen M[artin] Broszat, „Erfassung" und Rechtsstellung von Volksdeutschen und Deutschstämmigen im Generalgouvernement, in: Gutachten des Instituts für Zeitgeschichte. Bd. 2, Stuttgart 1966, S. 243-261, hier S. 249 und 255.
[20] Meldungen aus dem GG (wie Anm. 16), Fiche P 0420.
[21] Gerke, Beiträge (wie Anm. 9), S. 77, schätzt den Anteil Volksdeutscher „im weitesten Sinne" sogar nur auf 0,7 % der Gesamtbevölkerung des GG im Frühjahr 1943.

ferte vielmehr eine wesentliche Legitimation für die deutsche Herrschaft über dieses Territorium. Die Bewertung und Hierarchisierung von Menschengruppen nach rassistischen Kriterien war Dreh- und Angelpunkt der nationalsozialistischen Ideologie wie auch der Herrschaftspraxis mit all ihren mörderischen Auswüchsen.[22] In diesem Zusammenhang kam den einheimischen Deutschen im Generalgouvernement trotz ihrer randständigen Position eine wichtige propagandistische Funktion zu: Sie waren das Bindeglied zur angeblich von germanischer und deutscher Kultur bestimmten Vergangenheit des Landes, aber zugleich auch zu seiner Zukunft, indem sie den Grundstock deutscher und rassisch verwandter Siedler bildeten, die für alle Zeiten die deutsche Führung im Generalgouvernement sicherstellen sollten. Den Polen als „Mischrasse" sprach die nationalsozialistische Propaganda dagegen jegliche kulturschöpferischen Fähigkeiten und Führungsqualitäten ab.[23]

Trotz dieser den Volksdeutschen zugedachten wichtigen Rolle begegneten ihnen die Besatzer auch weiterhin grundsätzlich mit herablassendem Paternalismus und Misstrauen. Dies äußerte sich auch in der Propaganda. Mit allen Mitteln versuchten Vertreter der Besatzungsverwaltung und der NSDAP bei propagandistischen Auftritten, den einheimischen Deutschen ein Gefühl von Überlegenheit zu vermitteln, um sie auch mental den Besatzern anzunähern und zugleich der übrigen Bevölkerung zu entfremden. So forderte etwa Generalgouverneur Hans Frank in einer seiner ersten Ansprachen vor Volksdeutschen: „Sie müßten den deutschen Stolz lernen, der uns im Reich seit der Machtübernahme erfüllt". „Stolz" auf die „Ahnen", auf die alleinige „Oberhoheit" der Deutschen über die Polen, auf eine wachsende „deutsche Gemeinschaft" – das sollten die Komponenten

---

[22] Konsequent berücksichtigt wird die Rassenideologie als handlungsleitendes, zentrales Motiv der NS-Herrschaft bei Michael Burleigh / Wolfgang Wippermann, The Racial State. Germany 1933-1945, Cambridge 1991.
[23] Siehe zur Entwicklung der Richtlinien der Propaganda im GG Jockheck, Propaganda (wie Anm. 4), S. 135-160, sowie zur rassistischen Bewertung von Deutschen und Polen, ihrer Geschichte und Kultur ebenda, bes. S. 253f., 266, 273f. und S. 280, 313f. Allgemein zur Rolle der Volksdeutschen in den NS-Expansions- und Kriegsplänen vgl. Doris L. Bergen, The Nazi-Concept of „Volksdeutsche" and the Exacerbation of Anti-Semitism in Eastern Europe, 1939-45, in: Journal of Contemporary History 29 (1994), S. 569-582.

für ein neues Selbstbewusstsein der Volksdeutschen sein. Ziel war es, „Treue" und Identifikation mit der Besatzungsmacht zu fördern.[24] Doch selbst als die Hybris der Besatzungsverwaltung nach dem Angriff auf die Sowjetunion im Sommer 1941 ihrem Höhepunkt zustrebte, meinte etwa der Gouverneur des Distrikts Krakau auf einer Parteiversammlung, „manchmal stehe der Volksdeutsche noch geblendet vor der plötzlichen Machtentfaltung seines ihn zurückholenden Vaterlandes" und vor dessen „großlinigen Perspektiven".[25] Daraus sprach nicht zuletzt die Sorge, gerade die Volksdeutschen könnten bei Gesprächen mit ihrer polnischen Umgebung zuviel über die deutschen Pläne verraten und Unruhe verbreiten. Speziell für Volksdeutsche hieß es deshalb: „[M]it einem Polen wird überhaupt nicht politisiert". Zukunftsfragen seien besonders zurückhaltend zu beantworten.[26] Die Besatzer und ihre volksdeutschen Helfershelfer prägten dazu die Parole: „Wir sprechen nicht vom Frieden, wir kämpfen dafür".[27]

Anlass für Ermahnungen bot auch immer wieder die Übergabe offizieller Dokumente, seien es Kennkarten, Parteiausweise oder Einbürgerungsurkunden. Nachdem die Volksdeutschen im Generalgouvernement seit Frühjahr 1940 zunächst unter Aufsicht der NSDAP in einer eigenen „Volksdeutschen Gemeinschaft" zusammengefasst worden waren, ging diese ein Jahr später in der „Deutschen Gemeinschaft" auf, die ebenfalls unter Führung der Partei nunmehr alle Deutschen „erfassen" und kontrollieren sollte, die sich

---

[24] Rede Franks auf einer Kundgebung zur feierlichen Aufnahme von Volksdeutschen im Distrikt Radom in die „Volksdeutsche Gemeinschaft", zitiert nach O[ttmar] K[atz], Dr. Frank vor 6.000 Volksdeutschen, in: KrZ, Nr. 124, 28.5.1940, S. 5f. Siehe z.B. auch B[runo] H[ans] H[irche], Dr. Frank verkündete die „Volksdeutsche Gemeinschaft", in: KrZ, Nr. 93, 21.4.1940, S. 4; [Gustav] An[draschko], Dr. Frank dankt den Volksdeutschen für ihre Treue, in: KrZ, Nr. 241, 11.10.1940, S. 5f.

[25] Rede von Gouverneur Otto Wächter als Distriktsstandortführer auf einer Versammlung der Krakauer NSDAP, zitiert nach [Werner] S[ieredz]ki, Moderner Mongolensturm abgewehrt, in: KrZ, Nr. 221, 20.9.1941, S. 5.

[26] N.N., Was antwortest Du ...wenn ein Pole dich fragt, wie die Zukunft des polnischen Volkes nach dem Krieg ausschauen werde?, in: Deutsche Gemeinschaft, Ausgabe Warschau (im Folgenden: DG, AW) bzw. Radom (AR), Nr. 2 bzw. 22, 13. bzw. 20.9.1942, S. 3 bzw. 4.

[27] Motto einer von der Distriktsstandortführung Krakau veranstalteten Kundgebung der NSDAP mit Rudolf Wiesner, der die ehemalige nationalsozialistische „Jungdeutsche Partei für Polen" gegründet und geführt hatte, zit. nach N.N., Deutscher Geist gewinnt den Krieg, in: KrZ, Nr. 226, 21.9.1943, S. 5.

länger als drei Monate im Generalgouvernement aufhielten. Es ging darum, dass die „Gemeinschaft aller Deutschen [...] im fremden Raum als geschlossener Block dem Fremdvolk gegenübersteht".[28] Darüber hinaus versuchte die NSDAP vom Sommer 1943 an, sämtliche Deutsche im Generalgouvernement – möglichst auch die Menschen deutscher Abstammung – in einer mit Hilfe der Polizeibehörden angelegten Kartei zu erfassen, zu überwachen und in ihre Aktivitäten einzubeziehen.[29] Wer nicht Parteimitglied war oder wurde, sollte wenigstens zu einer der Organisationen gehören, die der NSDAP im „Arbeitsbereich Generalgouvernement" unterstanden.[30] Schon allein vom Tragen entsprechender Abzeichen zur alltäglichen Distanzierung von der „fremdvölkischen" Umwelt erwarteten die Propagandisten positive Impulse für das Gemeinschafts-, Sicherheits- und Überlegenheitsgefühl der Deutschen.[31] Funktionäre in Besatzungsverwaltung und Partei warnten, es werde „unwiderruflich ein Trennungsstrich" gezogen – wer abseits bleibe, habe sich damit selbst „außerhalb der Gemeinschaft" platziert.[32] Umgekehrt stellten sie jenen, die sich engagierten, Belohnungen in Aussicht. „Anwärter" der NSDAP sollte das Motto anspornen: „Deutsch sein

---

[28] Otto Mehling, Gemeinschaft aller Deutschen, in: Deutsche Wacht (im Folgenden: DW), Nr. 3, 3.7.1943, S. 1f. M. war Leiter der „Deutschen Gemeinschaft". Siehe auch S–n, Volksdeutsche Gemeinschaft geht in NSDAP auf, in: KrZ, Nr. 58, 13.3.1941, S. 5; B[runo] H[ans] H[irche], „Reiht Euch ein in die Front der politischen Soldaten!", in: KrZ, Nr. 139, 19.6.1941, S. 5; Kobusch, Alle Deutschen – ein Block, in: KrZ, Nr. 193, 16.8.1942, S. 5.

[29] Siehe Adolf Stahl, Zum Leistungsbericht der NSDAP Arbeitsbereich Generalgouvernement, in: Das Vorfeld, Nr. 1/4 , Januar 1944, S. 11-15, hier S. 12, sowie die Zusammenfassung dieses Berichts bei N.N., Das deutsche Leben im Generalgouvernement steht im Zeichen der Partei, in: KrZ, Nr. 14, 16.1.1944, S. 5f., hier S. 5. Stahl amtierte damals als stellvertretender Leiter der Partei im GG.

[30] Heinrich Lapp, Der organisatorische Aufbau des Arbeitsbereichs Generalgouvernement, in: Auf Vorposten. Drei Jahre Aufbau im Arbeitsbereich Generalgouvernement der NSDAP, bearb. v. Emil Gassner, Krakau 1943, S. 21-24, hier S. 23.

[31] Josef Tobias, Der Osten – Gefahr, Verlockung, Anregung oder Aufgabe?, in: KrZ, Nr. 76, 28.3.1943, S. 3f., hier S. 4. Wie weitere Appelle zeigen, scheuten allerdings viele das mit solcher Positionierung verbundene Risiko; siehe z.B. R[udolf] St[eimer], Ein Mann blieb weg, in: KrZ, Nr. 114, 14.5.1943, S. 5; N.N., Bescheidenheit, in: DW, Nr. 14, 18.9.1943, S. 1.

[32] Ansprache des Kreishauptmanns von Krakau-Land, Egon Höller, zur feierlichen Überreichung von Kennkarten, zit. nach N.N., Anerkennung für deutsche Haltung, in: KrZ, Nr. 236, 5.10.1940, S. 5. Siehe auch H[orst] D[reßler-Andreß], Die Organisation der Aufbauwilligen, in: KrZ, Nr. 140, 20.6.1941, S. 5, zur Mitgliedschaft in der „Deutschen Gemeinschaft". Ein Beispiel für Repressalien gegen Nichteingliederungswillige bringt Broszat, „Erfassung" (wie Anm. 19), S. 253f.

heißt dem Adel dieses Raumes anzugehören".[33] Nur wer als Volksdeutscher militärische oder politische Aufgaben übernahm, hatte bewiesen, dass er nicht „Mitläufer", sondern „Mitgestalter" des Besatzungsregimes sein wollte, und konnte so schließlich zur Einbürgerung gelangen – was bis zum Frühjahr 1944 lediglich 10.000 Volksdeutschen, also weniger als jedem Zehnten, gelang.[34]

Die ständig wiederholten Forderungen an die Volksdeutschen, ihr nationales Bekenntnis durch regimekonformes Verhalten zu untermauern, waren nicht zuletzt ein Ausdruck der bekannten Vorbehalte der Besatzer gegenüber dieser Gruppe. In der Propaganda drückte sich solche Kritik jedoch eher selten und vorsichtig aus. Anfangs ging es um mangelhafte Deutschkenntnisse,[35] später auch um Liebedienerei und mangelndes Engagement.[36] Doch hieß es in der Regel, die Volksdeutschen treffe keine „Schuld" an ihren Defiziten, denn dafür seien die viele Generationen andauernden, „unerbittlichen Umvolkungsbestrebungen der Polen" verantwortlich.[37] Eine Reportage der „Krakauer Zeitung" über Versuche, aus volksdeutschen Siedlungen „ein Stück Deutschland zu formen", gelangte daher zum Fazit: „Die jahrhundertelange Abgeschiedenheit vom deutschen und westlichen Kulturleben erfordert auf allen Lebens-

---

[33] Ansprache des Radomer Gouverneurs Ernst Kundt als NSDAP-Distriktsstandortführer vor Parteimitgliedern und -anwärtern in Tomaschow anlässlich einer Ausstellungseröffnung, zitiert nach N.N., Buch und Rundfunk sind Brücken zur Heimat, in: KrZ, Nr. 292, 11.12.1941, S. 5.
[34] Ansprache des Radomer Gouverneurs Ernst Kundt zur Ausgabe erster Reichsbürgerbriefe während eines NSDAP-Appells in Radomsko, zit. nach N.N., Dank des Reiches für Bewährung, in: KrZ, Nr. 216, 9.9.1943, S. 5. Zu den Anforderungen für Einbürgerungen siehe auch N.N., Die Gesinnung steht über allem, in: KrZ, Nr. 65, 15.3.1944, S. 8; N.N., Zehntausendste Einbürgerungsurkunde, in: KrZ, Nr. 79, 30.3.1944, S. 8.
[35] Siehe z.B. E. Schuffert, Heute und damals, in: KrZ, Nr. 35, 22.12.1939, S. 1f.; B. Neumann, Jeliebtet Krakau – det fiel mir uff! Betrachtungen eines Berliner Landsers, in: KrZ, Nr. 269, 14.11.1940, S. 7; gk., Manche verstanden nicht ein Wort deutsch ..., in: KrZ, Nr. 272, 17.11.1940, S. 7.
[36] Siehe z.B. N.N., Soldatischer Gruß für die „herzgeliebte Obrigkeit", in: KrZ, Nr. 244, 15.10.1942, S. 5; N.N., Der Deutsche muß mehr leisten, in: DG, AR, Nr. 28, 1.11.1942, S. 4; N.N., Frisch voran!, in: DG, AR, Nr. 5, 31.1.1943, S. 3; Doppler, Volksdeutsche Pflichten in der Volksgemeinschaft, in: DG, AR, Nr. 13, 28.3.1943, S. 3f.; N.N., Arbeit ist für alle da!, in: DG, AR, Nr. 43, 24.10.1943, S. 3.
[37] Kurt Lück, Aus dem Volkstumskampf im Osten, in: KrZ, Nr. 79, 6.4.1941, S. 11. Der aus Posen stammende Lück war einer der maßgeblichen „Volksforscher", die während der 1920er und 1930er Jahre das Bild der deutschen Minderheiten in Zentral- und Ostpolen geprägt hatten; siehe Fielitz, Stereotyp (wie Anm. 11), S. 40-100.

gebieten ständige Beratung und Förderung". Die sozialen Verhältnisse der einheimischen Deutschen erschienen in solchen Berichten fast durchweg als prekär. Daraus leiteten die Besatzer den Anspruch her, die Volksdeutschen umfassend zu betreuen und auch politisch neu „auszurichten". Von den Volksdeutschen wurde dafür „gläubige Hingabe" erwartet.[38] Propagandistisch im Vordergrund stand die von den Betroffenen sicherlich begrüßte soziale „Besserstellung". Die problematischen Folgen dieser Bevormundung wurden allenfalls angedeutet. Einerseits widersprach die soziale Abhängigkeit, wie sie die „besondere wirtschaftliche Betreuung" schuf, Forderungen nach mehr Selbständigkeit der Volksdeutschen.[39] Andererseits hieß es selbstkritisch, Volksdeutsche hätten das Auftreten mancher Reichsdeutscher als lästige „Besserwisserei" empfunden und Eingriffe in ihre traditionelle, bäuerlich-patriarchalische Lebensweise als „revolutionär" abgelehnt.[40] Meist allerdings blendeten die Propagandisten solch konkrete Defizite und Probleme aus und pflegten ihr Wunschbild von den anspruchslosen, fleißigen Volksdeutschen, die sich dem Besatzungsregime willig zur Verfügung stellten und für ihre besondere Betreuung dankbar waren.[41]

---

[38] O[tto] Pf[eil], Distriktsstandortführung besucht Zelle X., in: KrZ, Nr. 181, 2.8.1942, S. 6. Zu sozialen Nöten und Gegenmaßnahmen siehe z.B. N.N., Deutsche Weber verdienten nur 80 Pfg. täglich, in: KrZ, Nr. 11, 24.11.1939, S. 5; N.N., Man wollte sie verhungern lassen, in: KrZ, Nr. 18, 23.1.1940, S. 5; [Werner] S[i]e[redzki], 86 Waggons Kleider an Volksdeutsche verteilt, in: KrZ, Nr. 181, 2.8.1940, S. 5f.; N.N., Verstärkte Fürsorge für die Volksdeutschen, in: KrZ, Nr. 194, 17.8.1940, S. 6; N.N., Erfreulicher Erfolg deutscher Sozialarbeit im GG, in: KrZ, Nr. 237, 7.10.1942, S. 5; N.N., Gesundheitliche Förderung des Siedlungsdeutschtums, in: KrZ, Nr. 15, 19.1.1943, S. 5; O[tto] Pf[eil], Bewahrung deutscher Siedler vor Proletarisierung, in: KrZ, Nr. 53, 3.3.1943, S. 5. Zu den politischen Absichten, die mit dieser Art Fürsorge verbunden waren, siehe außerdem eine Reportage von [Robert] G[rei]ff, Auch dafür ist die Partei im Generalgouvernement da ..., in: KrZ, Nr. 233, 4.10.1941, S. 5.
[39] Otto Pfeil, Radoms Verpflichtung und Aufbaufaktor – die Volksdeutschen, in: KrZ, Nr. 1, 1.1.1942, S. 7f. Tatsächlich berichtete die deutsche Presse des GG nur selten von volksdeutschen Initiativen zur Verbesserung der eigenen Lage; siehe O[tto] Pf[eil], Selbsthilfe für eine Kreishauptmannschaft, in: KrZ, Nr. 203, 25.8.1943, S. 5; N.N., Deutsche befreien sich aus ihrer Abgeschiedenheit, in: DG, AR, Nr. 47, 21.11.1943, S. 6; N.N., Ein Dorf baut sich selbst seine Schule, in: KrZ, Nr. 261, 31.10.1943, S. 6; N.N., Zielbewußte Arbeit deutscher Siedler, in: KrZ, Nr. 284, 7.11.1944, S. 6.
[40] Edith Stallin, Ein volksdeutsches Dorf, in: KrZ, Nr. 193, 16.8.1942, S. 5.
[41] Siehe z.B. Bruno Hans Hirche, Die Ladenberger, in: KrZ, Nr. 84, 12.4.1941, S. 5f.; Robert Greiff, Ein Kreishauptmann und seine Volksdeutschen, in: KrZ, Nr. 15, 18.1.1942, S. 5f.; Otto Pfeil, Die Deutschen von Gozdawa, in: KrZ, Nr. 104, 2.5.1942, S. 5; Ders., Die Deutschen von

NS-Bilder von Deutschen im Generalgouvernement

Ihre Versuche, Mentalität und Lebensweise der einheimischen Deutschen von Grund auf zu ändern, konzentrierten die Besatzer vor allem auf deren Nachwuchs. Das begann mit Hilfsangeboten für junge oder werdende Mütter, wobei sich Fürsorge und Indoktrination mischten. Um an diesen Programmen teilnehmen zu können, mussten die Mütter gewissen „erbbiologischen Forderungen entsprechen". Dadurch wurden ihnen von Anfang an rassistische Wertmaßstäbe nahe gebracht. Zudem fanden in den Mütterheimen oder -schulen regelrechte Unterweisungen in nationalsozialistischer Ideologie statt.[42] Die nächste Station sollte möglichst ein deutscher Kindergarten sein, denn dort wüchsen schon die Kleinsten „ganz von selbst in die Volksgemeinschaft hinein", indem sie von ihrer bisherigen polnischen Umwelt getrennt würden.[43] Auf jeden Fall aber sollten zumindest die älteren Kinder eine deutsche Schule besuchen. Insgesamt entstanden im Generalgouvernement weit mehr als 350 deutsche Schulen für knapp 30.000 Schüler.[44] Als ideale Erziehungsstätte galt die so genannte „Heimschule" mit angeschlossenem Internat, denn in der rassistischen Diktion der Besatzer waren die volksdeutschen Familien „nicht in allen Fällen Haltungs- und Erziehungszelle für das deutsche Volkstum geblieben, sondern haben nur als Blutzelle ihre volle Bedeutung gewahrt". Die Loslösung vom heimischen, polnisch beeinflussten Umfeld sowie die ständige Aufsicht durch Helfer aus

---

Kempa-Skorecka, in: KrZ, Nr. 57, 8.3.1942, S. 5; Ders., Rings um Radom siedeln Deutsche, in: KrZ, Nr. 154, 2.7.1942, S. 5.

[42] Gerh. M. Hossfeld, Deutsche Mütter haben Ferien, in: KrZ, Nr. 100, 28.4.1942, S. 5. Siehe hierzu auch Bz., Erstes volksdeutsches Müttererholungsheim, in: KrZ, Nr. 145, 21.6.1940, S. 6; N.N., Arbeitsgemeinschaft „Mutter und Kind" gegründet, in: KrZ, Nr. 117, 19.5.1942, S. 5; N.N., Erste Mütterschule im GG ihrer Bestimmung übergeben, in: ebd.; N.N., Zur Erfüllung der Frauenpflichten, in: KrZ, Nr. 132, 25.5.1944, S. 8.

[43] Rudolf Steimer, „Edith Nr. 18" – hygienisch einwandfrei betreut, in: KrZ, Nr. 31, 6.2.1942, S. 5. Siehe z.B. auch K. H[omann], Lebensstätte deutscher Kinder, in: KrZ, Nr. 70, 27.3.1941, S. 5; N.N., Bereits 34 Kindergärten errichtet, in: KrZ, Nr. 95, 26.4.1941, S. 5; O[tto] Pf[eil], Tausend Kinder in Gemeinschaftserziehung, in: KrZ, Nr. 44, 20.2.1943, S. 5; Herbert Urban, Deutsche Inseln im fremden Raum, in: KrZ, Nr. 51, 27.2.1944, S. 5f.

[44] Siehe Christoph Kleßmann, Die Selbstbehauptung einer Nation. NS-Kulturpolitik und polnische Widerstandsbewegung im Generalgouvernement, Düsseldorf 1971, S. 89-91. Einer Statistik vom 1.5.1943 zufolge gab es damals im GG insgesamt 363 deutsche Schulen mit zusammen mehr als 27.000 Schülern, ebd., S. 90. Bis 1944 kamen noch weitere Schulen hinzu; siehe auch die Dokumente bei Schulpolitik als Volkstumspolitik. Quellen zur Schulpolitik der Besatzer in Polen 1939-1945, hrsg. v. Georg Hansen, Münster / New York 1994, S. 230-368, hier 270-273 eine Übersicht zum deutschen Schulwesen im Distrikt Krakau vom 5.4.1944.

der HJ und anderen Parteigliederungen schienen die Gewähr zu bieten, dass gerade in solchen Schulen eine Generation heranwuchs, mit der die deutsche Herrschaft im Generalgouvernement auch in Zukunft gesichert werden könne.[45] Allerdings standen lediglich für einen Bruchteil der deutschen Schüler Internatsplätze zur Verfügung. Einige Heime waren reserviert für „erziehungsgefährdete", mit deutscher Sprache und Kultur nicht vertraute Kinder, die offenbar gegen den Elternwillen aus ihren Familien „herausgenommen" wurden.[46] Neben dem „Problem des Schülermaterials" gab es für die Besatzungsverwaltung besonders ein „Problem der Lehrkräfte". An manchen Schulen diente der Unterricht für die Schüler zugleich der Aus- und Fortbildung volksdeutscher Lehrer, und an den Abenden gab es dort auch noch Unterweisungen in Politik und deutscher Sprache für die Eltern.[47] Dabei galt generell, dass der Inhalt „nicht so sehr auf Wissensvermittlung abgestellt [war], als vielmehr auf die Erweckung von Liebe und Begeisterung für Führer und Volk"[48] Ein Hauptziel

---

[45] N.N., Heimschulen – Internate – neues System, in: KrZ, Nr. 23, 28.1.1943, S. 5. Siehe z.B. auch N.N., Dr. Wächter eröffnete Deutsche Oberschule in Zakopane, in: KrZ, Nr. 147, 23.6.1940, S. 6; Alfred Lemke, Die Mannschaft der Mädel von Rabka, in: KrZ, Nr. 124, 31.5.1941, S. 5f.; N.N., Heimschulen – Inseln deutschen Lebens, in: KrZ, Nr. 225, 23.9.1942, S. 5; N.N., Rawa erhielt 5. Heimschule des Distrikts, in: DG, AR, Nr. 5, 31.1.1943, S. 3f.; N.N., Nicht nur Unterkunft, sondern Haus der Erziehung, in: KrZ, Nr. 41, 17.2.1943, S. 5; N.N., Kadettenschulen für die künftigen Ostkämpfer, in: DG, AR, Nr. 12, 21.3.1943, S. 3; N.N., So entsteht ein neues Geschlecht, in: KrZ, Nr. 101, 28.4.1943, S. 5; N.N., Wenn die Morgenwäsche vorbei ist ..., in: KrZ, Nr. 75, 27.3.1943, S. 5; Hermann Stegemann, Schulen als Heimstätten der Jugend, in: KrZ, Nr. 94, 18.4.1943, S. 5f.; [Josef] To[bias], Von der Schulkuh bis zur Brause, in: KrZ, Nr. 138, 10.6.1943, S. 5.

[46] N.N., Die Zahnbürste einst ein fremder Begriff, in: KrZ, Nr. 26, 31.1.1943, S. 6. Eine gesetzliche Grundlage bestand für die Zwangseinweisung in Heime erst seit dem Frühjahr 1944; siehe N.N., Deutsche Schulpflicht geregelt, in: KrZ, Nr. 100, 22.4.1944, S. 8. Eigene Heimschulen entstanden auch für „Deutschstämmige"; siehe z.B. O[tto] Pf[eil], Die Katze dem Sprachschatz einverleibt, in: KrZ, Nr. 273, 14.11.1943, S. 6; N.N., Neue Keimzelle des Deutschtums, in: KrZ, Nr. 31, 4.2.1944, S. 8.

[47] H[erbert] U[rban], Kleiner Mann will zur deutschen Schule. Erfassung der Deutschstämmigen rings um Tarnow, in: KrZ, Nr. 21, 25.1.1944, S. 8. Siehe z.B. auch Ders., Sprungbrett ins Leben für Lehrer und Schüler, in: KrZ, Nr. 27, 1.2.1942, S. 7; Ders., Die Schulgemeinschaft, in: KrZ, Nr. 57, 7.3.1943, S. 6.

[48] N.N., Deutschem Volkstum wiedergewonnen, in: KrZ, Nr. 172, 23.7.1942, S. 5. Zur Lehrerausbildung und Erziehungszielen siehe z.B. auch N.N., Bund deutscher Lehrer in der „Volksdeutschen Gemeinschaft" gegründet, in: KrZ, Nr. 168, 18.7.1940, S. 5; F.F., Die Aufgabe des deutschen Lehrers, in: KrZ, Nr. 54, 8.3.1941, S. 4; M[arianne] B[ürger], Nachwuchs-Lehrkräfte werden geschult, in: KrZ, Nr. 219, 18.9.1941, S. 5; N.N., Der Lehrberuf verlangt Idealismus, in: KrZ, Nr. 224, 22.9.1942, S. 5; [Josef] To[bias], Unterrichten

dieser Art Schulerziehung war somit die nationalsozialistische Indoktrination volksdeutscher Schüler, Lehrer und Eltern. Wesentliche Erziehungsaufgaben nahmen darüber hinaus verschiedene Parteigliederungen für sich in Anspruch, allen voran die Jugendorganisationen. „Lager" und Versammlungen der HJ verfolgten die Absicht, Jugendliche „hart" zu machen und zu disziplinieren, wozu auch vormilitärische Übungen gehörten.[49] Das Ideal bildete dabei das „Reichsniveau": Der volksdeutsche Nachwuchs sollte der einheimischen Umgebung entfremdet werden, aber auch die Kinder der Besatzer sollten gar nicht erst polnischen Einflüssen ausgesetzt sein.[50] Für gewöhnlich betonte die Propaganda, dass die Jugend sich mit Blick auf ihre zukünftigen „Führungs"-Aufgaben mehr oder weniger freiwillig diesem strengen Reglement unterziehe.[51] Anfang 1943 wurde jedoch im Generalgouvernement wie

---

im GG keine Kleinigkeit, in: KrZ, Nr. 136, 8.6.1943, S. 5; Gustav Andraschko, Heimisch werden in der Landschaft des Ostens, in: KrZ, Nr. 170, 18.7.1943, S. 6; N.N., Vaterlandsliebe durch Muttersprache, in: KrZ, Nr. 220, 14.9.1943, S. 5; N.N., Eckpfeiler deutschen Volkstums, in: KrZ, Nr. 227, 22.9.1943, S. 5; –ke, Vom Schulhelfer zum deutschen Erzieher, in: KrZ, Nr. 167, 1.7.1944, S. 7; Ders., Politische Ausrichtung der Jugend auf die Ostarbeit, in: KrZ, Nr. 169, 3.7.1944, S. 4; N.N., Nur ein Ziel: Deutschland!, in: DW, Nr. 30, 22.7.1944, S. 4.

[49] H.A., HJ-Sommerlager Tomaschow-Petrikau, in: KrZ, Nr. 197, 23.8.1941, S. 5. Siehe auch N.N., Als erstes Ordnung und Disziplin, in: KrZ, Nr. 88, 15.4.1942, S. 5; N.N., Unsere Jugend in Lager und Freizeit, in: DG, AR, Nr. 2, 3.5.1942, S. 3f.; H[edwig] F[ranz], Mädeldienstlager erziehen zu deutscher Haltung, in: KrZ, Nr. 199, 23.8.1942, S. 6; N.N., Die Jugend des GG in fester Zucht, in: KrZ, Nr. 104, 1.5.1943, S. 6; N.N., Bewährung deutscher Jugend im fremdvölkischen Raum, in: KrZ, Nr. 144, 18.6.1943, S. 5; H[erbert] U[rban], Sprungbrett ins Leben der Pflicht, in: KrZ, Nr. 151, 26.6.1943, S. 5; N.N., Fanfarenklänge von früh bis spät, in: KrZ, Nr. 189, 10.8.1943, S. 5; N.N., Jugend erhält Wehrertüchtigung, in: KrZ, Nr. 198, 19.8.1943, S. 5; bo., Der Krieg formt den Jungen zum Mann, in: KrZ, Nr. 213, 5.9.1943, S. 6; N.N., Pimpfe boxen – Hitlerjungen tarnen sich, in: KrZ, Nr. 104, 26.4.1944, S. 8.

[50] N.N., HJ im GG strebt Reichsniveau an, in: KrZ, Nr. 101, 29.4.1942, S. 5. Siehe z.B. auch N.N., „Ihr seid die ganze Freude des Führers!", in: KrZ, Nr. 70, 24.3.1942, S. 5; N.N., Der harmonische Mensch ist schön, in: KrZ, Nr. 102, 30.4.1942, S. 5; N.N., „Die Jugend hat im Osten ihre Sendung zu erfüllen", in: KrZ, Nr. 134, 9.6.1942, S. 5; H[edwig] F[ranz], Frohe deutsche Mädel wachsen heran, in: KrZ, Nr. 149, 26.6.1942, S. 5; [Josef] To[bias], Passen rotlackierte Fingernägel zur BDM-Tracht?, in: KrZ, Nr. 248, 20.10.1942, S. 5; [Adolf] Stahl, Um das Wohl deutscher Kinder im GG, in: KrZ, Nr. 39, 14.2.1943, S. 6; [Josef] To[bias], Fraulichkeit im GG, in: KrZ, Nr. 44, 20.2.1943, S. 5; Ders., Deutsche Kinder im GG, in: KrZ, Nr. 47, 24.2.1943, S. 5; Hans Kröger, „Glaube und Schönheit". Wie die BDM-Mädchen weitergebildet werden, in: DW, Nr. 18, 16.10.1943, S. 3; R[udolf] St[eimer], Über Lied und Spiel zum Deutschtum, in: KrZ, Nr. 24, 28.1.1944, S. 8; H[erbert] U[rban], Die gelegte Saat bleibt keimkräftig, in: KrZ, Nr. 270, 21.10.1944, S. 4.

[51] Böttinger, Erziehung der volksdeutschen Jugend zur Führung, in: DW, Nr. 4, 10.7.1943, S. 3f.

zuvor im Reich die so genannte „Jugenddienstpflicht" eingeführt. Die Androhung von Strafen, falls Erziehungsberechtigte ihre Zöglinge nicht zum Dienst anmeldeten, schien „erforderlich, um von vornherein klare Abgrenzungen gegenüber der fremdvölkischen Bevölkerung zu ziehen".[52] Es ging beim Aufbau eines deutschen Erziehungswesens im Generalgouvernement also nicht zuletzt um eine gründliche Dissimilation und Segregation der volksdeutschen Jugend von ihrer polnischen Umgebung.

All diese Umerziehungsversuche liefen auf ein Ideal heraus, das die Besatzer aus dem Reich ihrer Propaganda zufolge schon längst verkörperten. Wichtigste Herrschaftslegitimation war ihre behauptete „natürliche" Überlegenheit gegenüber der einheimischen Bevölkerung. Dieses Selbstbild eines „deutschen Herrenvolkes" durfte keinesfalls als die „blutleere Konstruktion" einer „Weltanschauung" erscheinen, die es tatsächlich war. Die nationalsozialistische Rassenideologie wurde vielmehr zu einem objektiven und vorpolitischen, von den Mächten der „Vorsehung" und der „Natur" bestimmtem Ordnungsprinzip erklärt, über das es „keine Debatte" geben könne. Mitteleuropa sei den Deutschen „vom Schicksal zum Lebensraum anvertraut".[53]

Aufgabe der ins Generalgouvernement gekommenen Beamten und Angestellten sollte es sein, diese angeblich „natürliche Ordnung" im Sinne der nationalsozialistischen Rassenhierarchie auf brutale Weise herzustellen. In einem von Generalgouverneur Hans Frank als vorbildlich bezeichneten Erlebnisbericht eines Besatzers hieß es 1942, die Erfahrungen im „imperialen Raum" machten aus Beamten und Angestellten den Prototyp „des *deutschen* Weltbürgers [...], den freilich nicht seine bürgerlichen, sondern seine kriegerischen Tugenden auszeichnen und dessen Herrschaft sich nicht auf seine

---

[52] Helmut Wack, Jugenddienstpflicht – jetzt auch im GG, in: KrZ, Nr. 26, 31.1.1943, S. 6. Siehe zudem N.N., Jugend wird Volk, in: KrZ, Nr. 76, 28.3.1943, S. 6; N.N., Die Jugend des Führers auch im GG verpflichtet, in: KrZ, Nr. 77, 30.3.1943, S. 5; N.N., Kriegseinsatz der HJ auch im Generalgouvernement, in: KrZ, Nr. 102, 29.4.1943, S. 5; N.N., Jugenddienst der Deutschstämmigen, in: KrZ, Nr. 177, 27.7.1943, S. 5; N.N., Die Jugend des GG wird gemustert, in: KrZ, Nr. 235, 1.10.1943, S. 5.
[53] Hermann Spannagel, Der Auftrag des Herrenvolkes, in: KrZ, Nr. 7, 19.11.1939, S.1f., hier 1.

NS-Bilder von Deutschen im Generalgouvernement

zivilisatorische, sondern auf seine rassische Überlegenheit gründet".[54]

Das Selbstbild, das die Propaganda den Besatzern ausmalte, war ebenso militant wie elitär. Der ideale „politische Soldat" füllte gegensätzliche Rollen aus: „Krieger und Diplomat, Verteidiger und Propagandist". Dieses Wunschbild versuchte Widersprüche zu vereinen. Ein „harter Dienst", das System von Befehl und Gehorsam, sollten den Alltag dieser „Soldaten auch im bürgerlichen Gewand" bestimmen, doch andererseits hieß es, ihrer Tätigkeit seien „keine bürokratischen Grenzen" gesetzt. Daher umwehe ein „Hauch Abenteuerlichkeit" ihre Aufgaben, für die man „ganze Kerle mit harten Fäusten" brauche, um „dem polnischen Land unseren Willen aufzuzwingen und sein Schicksal fortan zu lenken".[55]

In solch martialischen Äußerungen trat ein Bild von Männlichkeit zutage, das in Zeiten des Krieges für die Angehörigen der Besatzungsverwaltung und der militärischen Etappe auch als eine Kompensation soldatischer „Heldentaten" gedacht war, als ein „Ersatz für den ihnen verwehrten Einsatz im Dienst mit der Waffe".[56] Leitartikel und Kommentare der „Krakauer Zeitung" stellten wiederholt heraus, dass die Verwaltung des Generalgouvernements einen neuartigen, quasi-soldatischen Typ deutscher Arbeiter, Angestellter und Beamter erfordere. Dieser Idealtyp kam von der Front zur Verwaltung, stellte alle persönlichen Ansprüche zurück und war für seine Aufgabe zu jeder Tat und jedem Opfer bereit – nur dann könne sein Einsatz

---

[54] Meinhart Sild, Vom Osten ins Reich. Erlebnis und Erfahrung einer politischen Aufgabe, Wien 1942, S. 34-36 und 56 (Hervorhebung wie Vorlage). Im Vorwort empfahl Frank diese „Schrift eines jungen Kameraden" als klare Darstellung „unserer Arbeit" im GG, ebd., S. 5. Sild gehörte zum Stab von Arthur Seyß-Inquart, stellvertretender Generalgouverneur von Oktober 1939 bis Mai 1940; siehe den Bericht über eine gemeinsame Inspektionsreise, 22.11.1939, in: Der Prozeß gegen die Hauptkriegsverbrecher vor dem Internationalen Militärgerichtshof Nürnberg, 14. November 1945 – 1. Oktober 1946, Nürnberg 1947-1949, Bd. 30, S. 84-101, hier 84. Zu Seyß-Inquarts rassistischen Positionen siehe N.N., Herzlicher Abschied von Dr. Seyß-Inquart, in: KrZ, Nr. 121, 24.5.1940, S. 5f.; N.N., Schicksalsfragen des deutschen Volkes im Osten, in: KrZ, Nr. 123, 26.5.1940, S. 6. Entsprechende Artikel fanden sich v.a. in den Zeitschriften der NSDAP im GG; siehe z.B. Anton Plügel, Das Rassenbild des Vorfeldes im deutschen Osten, in: Das Vorfeld, Nr. 6, Februar 1941, S. 6-15.
[55] Kurt Neher, Politische Soldaten, in: KrZ, Nr. 18, 2.12.1939, S. 1f.
[56] Ansprache von Gouverneur Otto Wächter vor Abteilungsleitern und Sachbearbeitern der Stadtverwaltung und des Distrikts Krakau, zitiert nach N.N., Ein 44-Millionen-Bauprogramm für die Stadt Krakau, in: KrZ, Nr. 271, 16.11.1941, S. 5.

neben demjenigen der Frontsoldaten bestehen.[57] Die Gewaltherrschaft der Besatzer erschien in dieser Deutung als legitimer Teil des größeren Kriegsgeschehens.

Bis zuletzt hielt die Propaganda an der Behauptung fest, quasinaturgesetzliche, von „äußeren Umständen diktierte[n] Notwendigkeiten", besonders die „rassischen Anlagen", bestimmten das „Schicksal" der Deutschen und damit auch deren Politik. Gegen wachsende Zweifel am Sinn eines Krieges, der in letzter Konsequenz zu einem „Kampf um unser nacktes Leben" stilisiert wurde, hieß es noch Anfang 1944 in einem Durchhalteartikel der „Krakauer Zeitung": „Wir mögen dieses Schicksal und die uns von ihm auferlegten Pflichten als hart und unbequem empfinden, wir können uns jedoch diesem Schicksal nicht entziehen, mit anderen Worten, wir müssen Geschichte machen".[58]

Noch Anfang August 1944 – die Evakuierung volks- wie reichsdeutscher Familien war längst in vollem Gange – wurde in Krakau eine Ausstellung „Deutsches Volkstum im Generalgouvernement" eröffnet. Den verbliebenen Angehörigen der Besatzungsverwaltung, besonders jedoch den Wehrmachtsoldaten sollte diese Schau vor Augen führen, „daß es in dem gegenwärtigen Stadium des Krieges im Osten nicht um ein nach Quadratkilometern zu berechnendes Stück beliebigen Geländes, sondern um einen Boden geht, der den Schweiß und das Blut vieler Generationenreihen von deutschen Menschen getrunken hat. Das Werk dieser Männer ist heute in Gefahr, und unserer Generation ist die Aufgabe übertragen, es zu erhalten, vor dem Geist der Steppe zu schützen und auf ihm weiterzubauen".[59] Bis zuletzt also instrumentalisierte das Besatzungs-

---

[57] Siehe z.B. Joachim Nehring, Dienst im Osten, in: KrZ, Nr. 136, 11.6.1940, S. 5; Rudolf Stöppler, Männer im Osten, in: KrZ, Nr. 99, 1.5.1941, S. 1f.; Ders., Der Kreishauptmann, in: KrZ, Nr. 134, 6.6.1943, S. 1f.; Herbert Urban, Im Schatten der Front, in: KrZ, Nr. 328, 28.12.1944, S. 1f.
[58] Hermann Spannagel, Vom Glück der Deutschen, in: KrZ, Nr. 8, 7.1.1944, S. 1f.
[59] [Herbert Ludwig Schrader], Was verteidigen wir im Weichselland?, in: KrZ, Nr. 200, 3.8.1944, S. 8. Zur Ausstellung siehe auch N.N., Deutsche Kulturleistung im Osten, in: KrZ, Nr. 198, 1.8.1944, S. 8. Im gleichen Sinne äußerte Hans Frank sich auf einem Lehrgang für NS-Führungsoffiziere, zitiert nach N.N., Gegen das Fundament aus Treue und Gehorsam ist nicht anzurennen!, in: KrZ, Nr. 234, 9.9.1944, S. 4: „Der Westen ist für uns höchstens ein Machtbereich, der Osten ein Lebensbereich."

regime für seine rassistischen Herrschafts- und Siedlungspläne die Deutschen in Polen und stellten sich in deren Tradition. Das Selbstbild, das die nationalsozialistische Propaganda von den Besatzern im Generalgouvernement entwarf, ermutigte allenfalls zu selbstherrlichem Verhalten, zu Willkür und Gewalt. Ohne Zweifel bestärkte es schon bestehende rassistische Vorurteile. Doch Folgeerscheinungen wie die weit verbreitete Korruption und die angesichts überzogener Erwartungen mit Dauer und Verlauf des Krieges zunehmende Frustration ließen den elitären Anspruch substanzlos erscheinen.[60] Da die deutsche Propaganda Polen grundsätzlich als ein heruntergekommenes Land am Rande Europas mit einer ökonomisch, sozial, kulturell und politisch rückständigen Bevölkerung schilderte, war der Anreiz, hier auf Dauer zu leben und zu arbeiten, von vornherein gering. Die einheimischen Deutschen waren von diesem negativen Polenbild nicht ausgenommen. Die registrierten Volksdeutschen als Profiteure des Besatzungsregimes standen daher unter dem vielfach anklingenden Verdacht, ohne innere Berechtigung, lediglich um der materiellen Vorteile willen die Seiten gewechselt zu haben. Die Instrumentalisierung der Volksdeutschen zur Legitimation der deutschen Gewaltherrschaft im Generalgouvernement und das gleichzeitig ihnen gegenüber immer wieder geäußerte Misstrauen mussten demütigend wirken. Die Propaganda erzeugte so einen ständigen Druck zur Willfährigkeit, zur Anpassung an die Leitbilder des Besatzungsregimes und damit zu politischen und militärischen Engagement im nationalsozialistischen Sinne. Nicht wenige gaben diesem Druck nach und beteiligten sich an den deutschen Verbrechen gegen die übrige Bevölkerung ihres Landes.[61] Insofern

---

[60] Zu Korrumpierung und Frustration der Besatzer im GG siehe Jan Tomasz Gross, Polish Society under German Occupation. The Generalgouvernement, 1939-1945, Princeton 1979, S. 145-159; Frank Bajohr, Parvenüs und Profiteure. Korruption in der NS-Zeit, Frankfurt am Main 2001, S. 75-81; für weitere Beispiele und Reaktionen vgl. Jockheck, Propaganda (wie Anm. 4), S. 76, 88, 207-210, 237, 337.
[61] Siehe Bergen, Nazi-Concept (wie Anm. 23), S. 570-574; Tomasz Szarota, Polacy w oczach Niemców podczas II wojny światowej, in: Ders., Niemcy i Polacy. Wzajemne postrzeganie i stereotypy, Warszawa 1996, S. 185-223, hier S. 203-206. Szarota betont, es habe auch Ausnahmen gegeben, vgl. hierzu eine Sammlung polnischer Erinnerungsberichte: Dziesięciu sprawiedliwych. Wspomnienia okupacyjne, hrsg. v. Jan Turnau, Warszawa 1986.

lässt sich der Propaganda eine gewisse, destruktive Wirksamkeit nicht absprechen.

AUTOREN

Severin GAWLITTA, Dr. des., geb. 1975, Studium der Geschichte und Politikwissenschaft an der Heinrich-Heine-Universität in Düsseldorf. 2007 Promotion mit einer Arbeit über deutsche bäuerliche Siedlung im Königreich Polen 1815–1915. Forschungsschwerpunkte: Geschichte und Kultur der Deutschen im östlichen Europa, deutschpolnische Beziehungen im 19. und 20. Jahrhundert, Migrationforschung. Derzeit laufendes Forschungsprojekt: Das Stereotyp vom „deutschen Kolonisten" in Deutschland und Polen. Zuletzt publiziert: „Landwirte mit Pickelhaube? Deutsche Kolonisten im Spiegel kongresspolnischer Presse und Publizistik" (In: Die Deutschen und das östliche Europa. Aspekte einer vielfältigen Beziehungsgeschichte, hrsg. von Dietmar Neutatz/Volker Zimmermann, Essen 2006).
E-Mail: victors04@gmx.de

Lars JOCKHECK, Dr., geb. 1968, studierte Geschichte, Volkswirtschaft und Journalistik in Hamburg, Mainz und Krakau, wurde 2004 an der Universität Hamburg promoviert. Wissenschaftlicher Mitarbeiter am Seminar für Geschichtswissenschaft der Helmut-Schmidt-Universität / Universität der Bundeswehr Hamburg. Arbeitsschwerpunkte: Geschichte der deutsch-polnischen Beziehungen; Mediengeschichte, besonders Presse und Film. Wichtigste Veröffentlichungen: Der „Völkische Beobachter" über Polen 1932-1934. Eine Fallstudie zum Übergang vom „Kampfblatt" zur „Regierungszeitung". Hamburg 1999; Propaganda im Generalgouvernement. Die NS-Besatzungspresse für Deutsche und Polen 1939-1945. Osnabrück 2006.
E-Mail: jockheck@hsu-hh.de

Hanna KRAJEWSKA, Dr., 1990 Promotion über das Filmleben Lodzs in den Jahren 1896-1939, Direktorin des Archivs der Polnischen Akademie der Wissenschaften in Warschau, Forschungsschwerpunkt: Geschichte des Protestantismus in Polen.
E-Mail: archiwum@apan.waw.pl

Autoren

Markus KRZOSKA, Dr., geb. 1967, Studium an der Johannes-Gutenberg-Universität Mainz, Promotion an der Freien Universität Berlin bei Klaus Zernack mit einer Arbeit über den Historiker Zygmunt Wojciechowski. Zahlreiche Veröffentlichungen zur Geschichte Polens, Habsburgs und der deutsch-polnischen Beziehungen, Vorsitzender der Kommission für die Geschichte der Deutschen in Polen e.V.
E-Mail: krzoska@t-online.de

Isabel RÖSKAU-RYDEL, Dr., geb. 1959, Studium an der Ludwig-Maximilians-Universität München, Johannes-Gutenberg-Universität Mainz und Jagiellonischen Universität in Krakau. Magister 1986 und Promotion 1992 in München. Veröffentlichungen u.a.: Kultur an der Peripherie des Habsburgerreiches. Die Geschichte des Bildungswesens und der kulturellen Einrichtungen in Lemberg von 1772 bis 1848, Wiesbaden 1993 (= Studien der Forschungsstelle Ostmitteleuropa an der Universität Dortmund, Bd. 15); Hrsg.: Galizien, Bukowina, Moldau, Berlin 1999 (Deutsche Geschichte im Osten Europas). Seit 2005 wissenschaftliche Mitarbeiterin am Instytut Neofilologii Akademii Pedagogicznej im. KEN in Krakau. Zurzeit Vorbereitung der Habilitation zur Akkulturation und Integration deutschösterreichischer Beamtenfamilien in Galizien im 19. Jahrhundert.
E-Mail: roeskaurydel@o2.pl

Jerzy STRZELCZYK, Prof. Dr. habil., geb. 1941, Mediävist und Professor an der Adam-Mickiewicz-Universität Poznań, korrespondierendes Mitglied der Polska Akademia Umiejętności in Krakau; Verfasser zahlreicher Bücher zur mittelalterlichen Geschichte Polens und anderer Regionen, u.a. über die Frühgeschichte der (West-)Slaven, den Vandalenstaat in Afrika, die Herrscher Mieszko I., Bolesław Chrobry und Otto III. sowie das mittelalterliche Weltbild.

Maria WOJTCZAK, Dr. habil., geb. 1958, 1977 bis 1981 Germanistikstudium an der Adam-Mickiewicz-Universität in Poznań und an der Humboldt-Universität zu Berlin, seit 1981 wissenschaftliche Mitarbeiterin am Institut für Germanistik der Adam-Mickiewicz-Universität Poznań; 1995 Promotion; 2007 Habilitation. Forschungsschwerpunkte: Deutsche Literatur im 19. Jahrhundert, Literatur und Kultur in der Provinz Posen, Literatur und Religion, Trivialliteratur. E-Mail: mabwojt@amu.edu.pl

Polono-Germanica
Schriften der Kommission für die Geschichte der Deutschen in Polen e. V.

Deutsche und Polen haben ein höchst wechselvolle gemeinsame Geschichte hinter sich. Von deutscher Seite herrschte lange Zeit ein Gefühl der Überheblichkeit und der Ignoranz gegenüber seinem größten östlichen Nachbarn vor. Dies betraf auch die Wissenschaft. Im neuen Europa von Partnern geht es nun darum, nicht nur mehr Informationen über das deutsch-polnische Verhältnis zur Verfügung zu stellen, sondern Polen auch als gleichberechtigt wahrzunehmen. Dies kann jedoch nicht allein durch nationale Nabelschau gelingen, sondern nur durch ein höheres Maß an allgemeiner Reflexion, die Einbeziehung der Erfahrungen anderer Staaten sowie die Würdigung der spezifischen Rolle der Regionen. Die Reihe Polono-Germanica möchte besonders dazu beitragen, die Geschichte der Deutschen in Polen angemessen zu verstehen und zu würdigen, ohne in Schablonen zu denken.

Stadtleben und Nationalität
Ausgewählte Beiträge zur Stadtgeschichtsforschung
in Ostmitteleuropa im 19. und 20. Jahrhundert
(Polono-Germanica 1)
Herausgegeben von M. Krzoska/I. Röskau-Rydel
2006, 186 Seiten, Paperback, Euro 32,90/CHF 56,00, ISBN 978-3-89975-081-2

Die Stadtgeschichte Ostmitteleuropas ist im letzten Jahrzehnt verstärkt in den Blick der Wissenschaft geraten. Dabei lag und liegt der Schwerpunkt jedoch eindeutig auf den Hauptstädten und großen Metropolen.

Dieser Band liefert neben einer allgemeinen Einführung in die Thematik sechs Fallstudien und zwei Beiträge zum aktuellen Forschungsstand. Dabei bot sich durch die Konzentration auf das 19. und 20. Jahrhundert die Verbindung zwischen Stadtleben und Nationalität an, handelte es sich doch bei letzterer um ein zentrales Element der europäischen Geschichte jener Zeit.

Besondere Aufmerksamkeit wird der Stadtgeschichte Galiziens, insbesondere der Lembergs, gewidmet, daneben wird jedoch auch die Entwicklung Oberschlesiens am Beispiel Zabrzes, des russischen „Königreichs Polen", Danzigs und der Provinz Posen in den Blick genommen.

Ihr Wissenschaftsverlag. Kompetent und unabhängig.

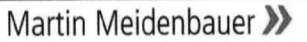

Verlagsbuchhandlung GmbH & Co. KG
Erhardtstr. 8 • 80469 München
Tel. (089) 20 23 86 -03 • Fax -04
info@m-verlag.net • www.m-verlag.net